Les règles d'or de la traduction

anglais-français ● *français-anglais*

Jean-Marc Hiernard

Agrégé de l'Université

ellipses

ISBN 2-7298-1366-7

© Ellipses Édition Marketing S.A., 2003
32, rue Bargue 75740 Paris cedex 15

www.editions-ellipses.fr

Avant-propos

Si la traduction garde toutes ses lettres de noblesse dans la formation des étudiants, c'est qu'elle est reconnue pour ce qu'elle est, à savoir partie intégrante de l'apprentissage d'une langue étrangère. De fait, cet exercice difficile exige non seulement d'en maîtriser les subtilités mais encore de connaître intimement sa propre langue.

Le présent ouvrage se propose de passer en revue quelques-unes des différences essentielles entre l'anglais et le français dont tous les examens et concours s'attachent à vérifier la connaissance qu'en ont les candidats.

Son objectif est également d'apporter les techniques qui permettront aux apprentis-traducteurs de combler leurs lacunes méthodologiques et grammaticales, notamment en s'aidant des exercices de difficulté variée apparaissant en fin de volume.

Traduttore-Traditore dit le proverbe italien. Mais alors, puisque traduire c'est trahir et que nous voilà contraints d'endosser le rôle du traître, assumons au moins ce rôle et mettons tout notre cœur à bien le jouer.

Jean-Marc Hiernard

Mode d'emploi

Comment utiliser cet ouvrage afin de trouver une réponse pratique aux questions que je me pose et aux problèmes que je rencontre ?

Dos and Don'ts (= choses à faire et à ne pas faire)

La première partie me guide sur les étapes à suivre, m'indique les erreurs à ne pas commettre et me donne les méthodes à appliquer.

Have a try! (= Essayez !)

Je veux vérifier que je suis capable d'appliquer ce qui vient de m'être expliqué : je me réfère à la section et je fais les exercices corrigés classés suivant l'ordre des chapitres de la première partie.

Index

Une difficulté ponctuelle se présente : *Shall* apparaît dans une phrase et son sens m'échappe ; un subjonctif français se montre rebelle à toute traduction : je cherche le mot correspondant dans l'index. *For* est utilisé à plusieurs reprises avec une signification vraisemblablement différente : l'index est à nouveau le chemin le plus rapide à la réponse que j'attends.

La table des matières

Je souhaite à présent faire le point sur les différences essentielles entre phrases anglaises et françaises ou les caractéristiques d'un titre de la presse anglo-saxonne ; j'aimerais quelques conseils de méthode sur la façon d'aborder un texte à traduire ou la recherche d'un mot dans le dictionnaire : la table des matières est là pour m'orienter.

Première partie

Dos and Don'ts

Chapitre 1

Approche du texte

I. Étude du texte à traduire

A. Traduction de phrases isolées

Votre sujet comporte une série de phrases anglaises (version) ou/et françaises (thème) à traduire, tirées ou non d'un contexte.

✔ Si le texte entier vous est connu, revenez-y : relisez ce qui précède et ce qui vient à la suite, assurez-vous d'identifier le locuteur réel ou fictif, son origine sociale et son sexe afin de pouvoir accorder les adjectifs en conséquence, éviter les contresens et utiliser le niveau de langue adéquat.

Étudions la phrase ci-dessous :

> *The driver reached for the cigarettes in the glove compartment. 'Oh no, please don't smoke—it makes me sick, you know that, don't you?', Liz said to herself. [...]*

Tel quel, l'énoncé ne vous permet pas de décider du sexe de la personne au volant. Alors plutôt que de vous lancer tête baissée pour traduire par « le conducteur », relisez votre texte :

> *[...] But her sister couldn't care less—it was her car after all!—so she lit a cigarette and started dragging on it.*

Sister vous indique clairement la solution :

> La conductrice se pencha vers la boîte à gants pour y prendre les cigarettes.

✔ Dans un deuxième temps, demandez-vous tout simplement pourquoi les concepteurs du sujet vous ont donné à réfléchir sur tels énoncés plutôt que sur tels autres. Quelles formes grammaticales identifiez-vous ? Un passif, un auxiliaire de modalité, un adjectif composé, du discours indirect, un verbe pronominal, un pronom réfléchi ou réciproque ? À ce stade, la nécessité d'avoir acquis des connaissances suffisantes en grammaire prend toute son acuité. Ce mot français qui me semble si évident à traduire ne va-t-il pas m'amener à un faux-ami ? Bref, faites en sorte de repérer l'écueil sur lequel il faut veiller à ne pas vous échouer. Imaginez que vous ayez :

> On lui donna trois jours pour quitter le pays.

Posez-vous la question : « Sur quoi cherchent-ils à vérifier mes connaissances ? » Vous allez sans doute penser à *We* pour traduire « On » : mais ce n'est pas ce pronom qui est attendu ici car le sujet est imprécis. Par contre le passif sera plus approprié. « Pour quitter » : êtes-vous sûr que *For* que vous pensiez utiliser sans réfléchir est bien correct ? En fait, ne cédez pas à votre premier mouvement sans réfléchir.

✔ Mobilisez vos connaissances : quelle est la règle fondamentale de construction du passif ? Ai-je affaire à un verbe irrégulier ? Qu'est-ce que je sais sur l'expression de la quantité ou de la comparaison ? Essayez de passer mentalement en revue ce que vous avez retenu sur tel ou tel point de grammaire.

Faites preuve de réflexion. Ce mot français qui semble ne poser aucun problème, ne cache-t-il pas un faux ami ?

They started abusing each other then fought like cats and dogs.

« Abuser » n'aurait ici aucun sens aussi aidez-vous des éléments donnés. La chronologie des faits vous met sur la piste : avant de se bagarrer, « ils commencèrent par s'insulter ».

✔ Tentez donc un mot à mot : il y a bien peu de chance qu'il puisse être conservé tel quel, mais au moins cette première étape vous permettra de ne pas oublier de mots importants. Reprenons l'exemple précédent :

They started abusing each other (…)

La traduction littérale de *each other* par « chaque autre » ne peut vous mener qu'à « l'un l'autre », d'où « s'insulter ».

Pour traduire *fought like cats and dogs*, voyez le chapitre « collocation ».

✔ Dans un thème, essayez la tactique qui consiste à imaginer la définition que vous pourriez donner au mot qui vous pose problème, pensez à des synonymes ou des tournures proches. Commençons par un exemple simple :

En hiver, les routes ici sont traîtres et rendent la conduite particulièrement problématique.

« Traîtres » est proche du synonyme « dangereuses » ; « problématique » — qui est de toute manière transparent puisque cela se dit *problematic* — vous fera penser à « difficile ».

Aidez-vous de l'étymologie, voyez quels mots ont donné le terme recherché ou au contraire en dérivent.

Vous éprouverez bientôt les bienfaits de ce nouveau traitement.

Quand dit-on qu'un traitement est bienfaisant ? Lorsqu'il a des effets bénéfiques, obtient des résultats positifs : à défaut de mieux, contentez-vous de ce dernier substantif.

✔ Améliorez ensuite ce premier jet : vous pouvez vous tromper sur le sens de tel ou tel mot, mais vous sentirez instinctivement si ce que vous écrivez est français ou pas. En thème, il est évidemment indispensable d'avoir des bases solides en grammaire et de passer ce que l'on a commencé à écrire au crible de ses connaissances.

Les députés débattent du nouveau projet de finance depuis des jours sans parvenir à une décision.

Premier essai : *the deputies*. Êtes-vous sûr que le mot « députés » ne recèle pas un piège ? ; « débattent » : si vous ne connaissez pas le mot anglais, contentez-vous de « discuter », voire de « parler », mais portez surtout votre attention sur le temps qui, associé à « depuis », devrait vous rappeler *For* et *Since*.

La préposition *Without*, quant à elle, sera suivie de la forme *-ING*.

> *MPs have been debating the new Finance bill for days without reaching a decision.*

B. Texte suivi

Vous voilà cette fois-ci face à un passage entier. Si vous avez le contexte, relisez évidemment ce qui précède et ce qui suit. Si le passage est autonome, une erreur funeste serait de vous lancer de but en blanc dans la traduction de la première phrase sans un petit travail préparatoire de réflexion.

✔ Tout d'abord, intéressez-vous au paratexte, c'est-à-dire les renseignements sur l'auteur, l'œuvre, la date de rédaction, le titre, peut-être même les notes qui accompagnent le texte et sont censées vous éclairer. Une œuvre écrite au XIXe siècle, dans les années 70 ou aujourd'hui fera appel à un vocabulaire adapté à l'époque, ce qui vous protégera des anachronismes de langage. Si l'auteur vous est connu, tant mieux : son univers artistique vous inspirera afin de recréer dans votre traduction l'atmosphère qui lui est caractéristique. De fait, un texte entretient toujours des liens plus ou moins étroits avec d'autres textes ou un genre et cela détermine ce que l'on dénomme « l'horizon d'attente » du lecteur, à savoir le type de personnages, de situations, de lieux etc. qu'il s'attend à trouver quand il aborde un texte inconnu.

✔ Notez ensuite à quel genre de texte vous avez affaire : un extrait de roman ; du théâtre — il faut alors se rappeler que votre traduction devra avoir les caractères de l'oral ; un article de journal (n'oubliez pas le titre) dont le style peut aller du plus soutenu, au familier en passant par le technique. Examinons une même phrase tirée de différents contextes :

> *We had lunch together.*

Si elle est extraite d'un récit apparaissant dans un roman publié, disons dans les années 1880, on pourrait opter pour la traduction : « Nous déjeunâmes ensemble ».

Pour un roman moderne, nous préférerons : « Nous avons déjeuné » ou même « On a déjeuné ensemble ».

✔ Quelle type de séquence avons-nous ? Narration, description, dialogue ; à quelle période renvoie-t-elle ? Pensez donc au temps que vous allez utiliser en fonction du contexte.

> *I got up, had a shower and a coffee.*

Je me levai / je pris ? Je me suis levé / j'ai pris ? Je me levais / je prenais ? ; je me lève / je prends (présent de narration) ?

> Hier, j'arrive à la gare… et j'ai été très étonné : je pensais qu'elle serait là mais non !

Un présent de narration, un passé composé, un imparfait qui décrivent une situation appartenant à la même période de temps alors qu'en anglais, on aura nécessairement un prétérit :

> *Yesterday I arrived at the station… and I was very astonished—I thought she'd be there but she wasn't!*

En outre, un dialogue prendra une forme différente en français et en anglais. Voir à ce sujet le chapitre intitulé « Transcription d'un dialogue ».

✔ Appréciez sa tonalité et faites en sorte que votre traduction en rende compte, qu'elle soit neutre, c'est-à-dire visant à l'objectivité, dramatique, lyrique, oratoire, polémique, pathétique ou tragique, comique ou ironique. Il faut être attentif car un mot mal venu peut rompre un équilibre subtil voulu par l'auteur. Prenez connaissance du dialogue qui suit et de sa tonalité :

> Je vous en prie, taisez-vous. Je sais qu'il n'est pas mort. Il va revenir. Un jour il reviendra.

La traduction ci-dessous serait totalement déplacée :

> *Please, shut up. I know he ain't dead. He's gonna come back. One day he'll be back.*

Si votre connaissance de la chanson anglo-saxonne vous a permis d'acquérir un certain vocabulaire, il devra être utilisé avec circonspection : *shut up*, *ain't*, *gonna* appartiennent à l'anglais familier.
De même :

> *He's always been overweight / a rather large person / a tubby man / fat / a fatty.*

Chacun de ces termes traduit une tonalité différente et les traduire indifféremment par « gros » ne suffit pas car il faut marquer la nuance présente en anglais entre :

> Il a toujours eu un problème de poids / il a toujours été corpulent / rondouillard / gros / un gros plein de soupe.

✔ Rappelez-vous vos cours de français sur la focalisation. Quel est le point de vue adopté par l'auteur pour présenter les acteurs et situations de son histoire ? À travers quel regard ces derniers nous sont-ils présentés ? Cela aura par exemple une incidence sur la traduction du passif si l'on entend rester fidèle à l'optique de l'écrivain.

> *They flew back home after 20 years of exile. When they landed at the airport the two heroes were welcomed by a group of friends and relatives.*

Le passif, comme les verbes à l'actif *flew* et *landed*, met au premier plan les exilés de retour chez eux, ce qu'il faudra marquer dans la version française :

> Les deux héros furent accueillis par un groupe d'amis et de parents,

plutôt que : « Un groupe d'amis et de parents accueillit les deux héros. »

✔ En pensant au domaine de l'énonciation, vous veillerez à lever toute ambiguïté sur les indices de personnes : si *His* ou *Her* renvoie clairement à un personnage masculin ou féminin, il n'en est pas de même avec « Son, Sa, Ses ».

> *David and Lindsey were there. She introduced me to his brother and her sister.*

Aucun doute en anglais : *His* se rapporte à David et *Her* à Lindsey. En français, vous serez tenu de préciser, quitte à modifier l'ordre des éléments :

> David et Lindsey étaient là. Elle m'a présenté sa sœur et le frère de David.

✔ On ne traduit bien que ce que l'on comprend bien, aussi soyez à même de pouvoir répondre aux questions fondamentales.
— *Who?* Connaître le milieu social, l'âge, le sexe d'un personnage vous aidera à trouver le ton juste :

> *'He's so cute!', she exclaimed in delight, lifting up Ann's baby.*

Cute étant plutôt utilisé par les femmes, comme dans ce contexte, on proposera :

> Elle s'exclama d'un air ravi : « Qu'il est chou ! » en soulevant le bébé d'Ann.

— *What?* Savoir ce qui se passe, quels sont les enjeux de la situation, les relations entre divers protagonistes est manifestement de première importance. Imaginons l'extrait que voici :

> Lisbeth détestait cet homme irascible et violent. Elle restait allongée sur son lit guettant le moindre bruit.
> […] Elle craignait qu'il ne rentre.

À supposer que cette dernière tournure ne vous soit pas familière, les sentiments manifestés par le personnage doivent néanmoins vous permettre d'éviter le contresens qui consisterait à traduire par :

> *She was afraid that he would not come back*

alors qu'il faut

> *She was afraid that he would come back*

car le verbe français est employé ici affirmativement.
— *Where?* Les faits se passent-ils en Grande-Bretagne ou aux USA ? Si le locuteur est américain, il n'utilisera pas certains termes strictement britanniques et vice versa :

> Le Président Bush aurait déclaré : « Ce type est un danger pour la société. »

Si vous avez rencontré le terme *Bloke*, sachez que seuls les Anglais s'en servent dans le sens de « type » et qu'il ne peut donc être mis dans la bouche d'un Texan. Vous prendrez le mot *Guy* par exemple.

> *Martha Lebowsky lived on the first floor with her three kids.*

Si le contexte est américain, il faut savoir que *first floor* correspond au rez-de-chaussée et non au premier étage comme en Grande-Bretagne.

> Martha Lebowski habitait au rez-de-chaussée avec ses trois enfants.

— *When?* L'époque de rédaction du texte et le temps de la narration — qui ne sont pas systématiquement identiques ! — vous aideront à trouver le niveau de langue le plus juste dans votre traduction et à nouveau d'éviter tout anachronisme :

> Grand-maman se souvenait encore qu'en 1852 — elle devait avoir quatre ou cinq ans — ils étaient allés en voiture à la ville voisine.

La « voiture » en question ne peut bien sûr être une automobile, mais une diligence par exemple :

> *Grandma still remembered that in 1852—she must have been four or five years old—they had gone by carriage to the nearby town.*

— *How?* Cette question porte sur l'écriture, le style et le niveau de langue. Voir le chapitre « Niveau de langue ».

II. Étude du lexique

A. Le sens des mots

1. Dénotation et connotation

Au-delà du sens objectif d'un mot — appelé « dénotation » — il importe toujours en traduction d'en apprécier la connotation, c'est-à-dire sa signification subjective qui est quant à elle liée à une culture, aux traditions, à l'imaginaire de l'auteur ou du lecteur. Si l'on prend les mots *Old* et *Elderly*, le sens dénoté, celui qui sert de définition dans un dictionnaire, est identique : « Qui est dans la vieillesse ». Par contre, ils traduisent une attitude différente, *Elderly* étant moins abrupt, donc plus poli. En français on retrouve la même nuance entre « Vieux » (*Old*) et « Âgé » (*Elderly*), ou encore entre « Femme » (*Woman*) et « Dame » (*Lady*). Observons les énoncés que voici :

> *Surely you didn't expect me to like those medieval customs! The way those women are treated is outrageous!*
> *It's quite interesting to see all these medieval customs still practised.*

Comment traduiriez-vous *Medieval* ? L'adjectif, associé dans les deux cas au mot *Customs* vous paraît-il avoir le même sens ? Le contexte de la première phrase, les marques énonciatives — voyez les signes de ponctuation — devraient vous suggérer deux termes français à la fois proches et pourtant bien différents : « Moyenâgeux », qui est péjoratif, et « Médiéval », qui présente un caractère objectif. Cela nous amène à proposer :

> Tu ne t'attendais quand même pas à ce que j'apprécie ces coutumes moyenâgeuses ! La façon dont ces femmes sont traitées est scandaleuse !
> C'est tout à fait intéressant de voir toutes ces coutumes médiévales encore pratiquées.

2. Le niveau de langue

Toute langue a ses degrés qu'il convient de maîtriser : le style peut être soutenu, parlé, familier ; l'auteur verse parfois dans l'argot ou n'hésite pas à recourir aux mots « tabous ». Assurez-vous que le mot qui vous vient à l'esprit ne va pas trahir le texte d'origine en faisant preuve de trop de retenue ou au contraire en vous laissant aller. Aujourd'hui un traducteur est autorisé à appeler un chat un chat mais vous risquez d'oublier que des mots qui vous viennent spontanément aux lèvres seront particulièrement déplacés dans la bouche d'un locuteur réel ou fictif. Lisez ces quatre énoncés :

> *What on earth are you doing here?*
> *What the hell are you doing here?*
> *What the bloody hell are you doing here?*
> *What the fuck are you doing here?*

Le sens reste identique alors que la formulation relève de niveaux de langue fort différents :

> Qu'est-ce que vous fabriquez ici ?

ou, dans un roman du XIXe : Que diable faites-vous ici ?

> Qu'est-ce que vous fichez ici ?
> Qu'est-ce que vous foutez ici ?
> Qu'est-ce que vous foutez ici, putain ?

En français, vous sentez la nuance entre : « Puis-je y aller maintenant ? » et « Est-ce que je peux y aller maintenant ? ». Vous la retrouvez en anglais :

> *May I leave now?*
> *Can I leave now?*

Une phrase anglaise pourra être traduite de manière légèrement différente selon la personne qui la prononce et la langue qu'elle est censée parler :

> *'Have you seen Graham lately?', asked Lady Sarah.*
> « Avez-vous vu Graham ces derniers temps ? », demanda Lady Sarah.
> *'Have you seen Graham lately?', asked Janet.*
> « Est-ce que vous avez vu Graham ces derniers temps ? », demanda Janet.

On peut également rencontrer cette version :

> *'Seen Graham lately?', asked Janet.*
> « Vous avez vu Graham ces derniers temps ? » demanda Janet.

Soyez également sensible aux termes archaïques :

> *He put on his riding-hat and walked over to the stable-door. 'How is my trusty steed this morning?', he asked joyously, patting the horse's forehead.*

« *Trusty steed* » sera traduit par « fidèle coursier » afin de respecter le registre d'origine.

Cependant il faudra renoncer parfois à rendre avec la finesse souhaitée certains mots au parfum régional :

Ne fais pas attention à ce qu'il dit : c'est un vrai fada.

Pour un français, « fada » évoque immanquablement le Sud méditerranéen, Marseille, Pagnol et ses personnages truculents, des acteurs hauts en couleur. Faire passer toutes ces connotations en anglais relève de la gageure. On se contentera donc de :

Don't take any notice of what he says—he's a real nutcase.

Souvent aussi la traduction de néologismes courants tels que « Chèque emploi service » passe par une périphrase lourde et inutilisable comme celle donnée par le Robert & Collins : « *Automatic welfare deduction system for paying cheques for domestic help* ».

Si ce néologisme se double d'un acronyme, la tâche pourra sembler plus ardue encore : que penser en effet du PAF — le Paysage Audiovisuel Français ? On recourra à la traduction « *The French Broadcasting Scene* » en sachant que le concept, plus encore que les termes qui l'expriment ne seront guère parlants pour un anglophone.

3. L'orthographe

Soignez votre orthographe : ne la considérez pas comme superflue.

- Les homonymes : veillez en particulier à écrire correctement ces mots qui se prononcent à l'identique mais ont des sens différents. Un exemple : « Cher » ami diffère légèrement de « chère » amie, et n'a rien à voir avec la bonne « chère », ni avec la « chaire » du curé où se dénoncent les péchés de la « chair ».
- Les paronymes : ces mots qui sont des homonymes presque parfaits donnent lieu à des erreurs regrettables : L'« acception » bien comprise des termes rend possible leur « acceptation ». Quant au « percepteur », il lui arrive rarement de jouer le rôle d'un « précepteur ». La « conjoncture » amène souvent à se perdre en « conjectures ».
- Les néologismes : les mots récemment inventés, tels « positiver » ou « solutionner » sont à éviter.
- Les barbarismes : il faut bannir ces formes ou mots étrangers au français. Veillez tout particulièrement aux verbes irréguliers. Il « buvra » en est un bel exemple, ainsi que : ils « croivent ».
- Profitons-en pour mettre en garde contre les solécismes, ces impropriétés de langage qui portent atteinte à la syntaxe, comme c'est le cas dans : « C'est le frère à Jonathan » quand il faut dire « le frère de Jonathan ».

B. Les liens entre les mots

1. Le champ lexical

L'étude rapide du champ lexical d'un texte ou d'un passage, à savoir l'ensemble des mots se rapportant à un thème commun, pourrait vous éviter, face à un mot inconnu, de tomber dans le contre-sens. Travaillons à partir de ces quelques lignes :

> *The music set an upbeat mood for the party. The orchestra was giving a lively performance. Herbert grabbed Emily's arm and danced her around the ballroom. They twirled around, smiling at each other, their eyes bright with excitement.*

Lively/Smiling/Bright/Excitement renvoient à l'idée de la gaieté. Le terme *Upbeat* y participe : vous allez donc chercher un adjectif dans ce sens et quand bien même vous n'auriez pas l'équivalent exact, — *Upbeat* signifie « Optimiste » — on vous saura gré d'avoir fait preuve de réflexion et pris le risque de proposer une traduction.

2. Les images

La métaphore, qui souligne l'analogie entre deux choses en prenant les caractères de l'une pour représenter l'autre, ainsi que la comparaison, entrent pour beaucoup dans les expressions idiomatiques. Il est vital de les reconnaître afin d'éviter barbarismes ou non-sens. Le barbarisme est une faute de langue qui consiste à se servir de mots qui n'existent pas, et le non-sens implique que ce que vous écrivez ne veut absolument rien dire. Prenez connaissance de ce dialogue :

> *'So, what did you think of the film?'*
> *'Well, it was like the curate's egg. Langhorn's acting is quite impressive, the music is good but there isn't much of a story to it and two and a half hours is really too long.'*

Que peut donc signifier *The curate's egg* ? Écrire « C'était comme l'œuf du curé », est non seulement faux puisque *Curate* ne veut pas dire « Curé » mais n'évoque en outre strictement rien pour un francophone. À l'évidence, nous nous trouvons donc devant une tournure idiomatique qu'il s'avère impossible de rendre par le mot à mot. Comme toujours, cherchez un éclaircissement dans le contexte : vous comprenez que le locuteur est partagé. Charge à vous de voir à présent ce que vous diriez dans votre propre langue dans une situation analogue. Vous avez une idée ?

> Eh bien, il y avait du bon et du mauvais,

ou alors :

> Eh bien, il y avait à boire et à manger,

préférable si l'on souhaite rester dans le domaine de la nourriture.

3. La collocation

Certains mots se trouvent souvent combinés à d'autres — on appelle cela la collocation. Par exemple, si l'on vous demande de compléter l'expression « Avoir une peur… » vous penserez sans aucun doute à « bleue ». De même, pour parler de gens qui ont des relations difficiles vous direz « s'entendre comme chien… » Ici aussi, la solution semble évidente pour un francophone : « … et chat ». En version, cela se révélera fort utile car un mot *a priori* obscur trouvera tout son sens au contact de celui que vous connaissez.

> *I was so furious that I found it hard to suppress my anger.*

Suppress n'a jamais été rencontré ? Dans le contexte, vous voyez qu'il est combiné à *Anger*. Le sens de « supprimer », auquel vous pensiez peut-être, ne convient pas, par contre « Réprimer/Contenir sa colère » est une collocation :

> J'étais tellement furieux que je n'ai pas réussi à réprimer/contenir ma colère.
> *You look great in that new dress—it fits you like a glove.*

Vous appuyant sur le reste de la phrase, c'est-à-dire sur le compliment exprimé, voire sur un élément connu de l'expression, vous devriez arriver à :

> Tu es superbe dans cette nouvelle robe : elle te va comme un gant.

4. Sujet inanimé + verbe animé

Le français n'hésite pas à associer un sujet inanimé, c'est-à-dire qui ne peut manifester de sensibilité, de désir ni de volonté, avec un verbe animé qui traduit, quant à lui, la capacité à sentir et à agir intentionnellement. Ainsi dans la phrase :

> La peur *(sujet inanimé)* le saisit *(verbe animé)* quand il se rendit compte qu'il était seul.

L'anglais cependant hésite à lier animé et inanimé, aussi le mot à mot n'aboutira qu'à une traduction fort peu naturelle. Pour passer du français à l'anglais vous choisirez entre deux opérations possibles :

a. Mettez la phrase au passif

Ceci vous permettra de créer un sujet animé. Reprenons la phrase ci-dessus :

> La peur le saisit quand il se rendit compte qu'il était seul.
> *He was gripped by fear when he realised that he was alone.*

Un autre exemple :

> Chaque fois qu'ils pensaient à l'avenir, l'enthousiasme *(inanimé)*
> les emportait *(animé).*
> *Whenever they thought of the future, they were carried away by enthusiasm.*

b. Tournez la phrase autrement

Prenez dans la phrase d'origine l'élément que vous pourrez mettre en position de sujet animé.

> Cette pluie me désespère.
> *I find this rain depressing.*

c. Trouvez un verbe neutre

Gardez le sujet inanimé, mais associez-le à un verbe lui aussi inanimé.

> Ses paroles me poursuivent encore, vingt ans après ce jour fatidique.
> *His words still stick in my mind, twenty years after that fateful day.*

III. Usage du dictionnaire

Il vous sera parfois nécessaire de consulter un dictionnaire bilingue, dont une liste vous est donnée en fin d'ouvrage. Ayez également le réflexe d'affiner votre recherche dans un bon dictionnaire unilingue. Beaucoup d'étudiants s'imaginent à tort que le dictionnaire résoudra tous leurs problèmes en oubliant cependant qu'il sera un merveilleux outil à condition de savoir s'en servir.

Voyons donc à présent quelles méthodes suivre pour en tirer le meilleur parti.

A. Utilisez votre réflexion et votre sens de la déduction

Comme cela vous a souvent été répété, l'étude du contexte vous donnera une idée du sens dans lequel orienter vos recherches. Demandez-vous : « Étant donné la phrase où se trouve le terme qui me pose problème, le registre du texte, à quoi puis-je m'attendre ici ? » En effet, le dictionnaire n'est pas la panacée, et entre tous les sens possibles qu'il vous proposera, ce sera à vous de décider lequel convient en cet endroit précis. Le dictionnaire ne saurait suppléer à votre réflexion. Il ne pourra que la soutenir. À ce propos, les logiciels de traduction illustrent, au travers des solutions incohérentes qu'ils proposent, ce à quoi aboutit une démarche mécanique.

B. Analysez le mot à traduire

1. Sa nature

Connaître la nature du mot recherché facilitera vos recherches, car vous irez alors directement au paragraphe correspondant à la catégorie grammaticale indiquée, sans perdre votre temps à lire ce qui s'avère inutile. Avez-vous affaire à un adjectif, un adverbe, un nom ? Savez-vous distinguer un verbe transitif d'un intransitif, un relatif d'une conjonction ? Si la réponse est négative, un coup d'œil à une grammaire française rafraîchira votre mémoire. N'oubliez pas qu'un même mot peut appartenir à différentes catégories grammaticales :

> « Elle se porte bien (**adverbe**) / C'est quelqu'un de bien (**adjectif**) / Cette sieste m'a fait du bien (**substantif**). »

2. Son sens

Assurez-vous de bien saisir sa signification en français. Si nécessaire, référez-vous à un dictionnaire français. Suivant le contexte, un terme prendra diverses acceptions, et sera donc certainement traduit différemment :

> *C'est quelqu'un de propre.*

Cet énoncé peut signifier : C'est quelqu'un de soigné (*clean*) / C'est quelqu'un d'honnête (*honest*) / C'est quelqu'un de bonnes mœurs (*decent*).

Il peut aussi être partie intégrante d'une locution et être utilisé au figuré, ce qui rend le mot à mot quasiment impossible.

3. Son orthographe

Distinguez bien les homonymes. Qui plus est, si vous écrivez « agression » avec deux « g » ou « aggraver » avec un seul, vous allez passer un certain temps à trouver le mot. En tout état de cause, profitez-en au moins pour retenir l'orthographe correcte. N'oubliez pas non plus qu'une orthographe déficiente est évidemment sanctionnée.

C. Apprenez à utiliser votre dictionnaire

1. Les abréviations

En fonction de la catégorie grammaticale, du genre et du nombre, qui sont toujours indiqués, vous trouverez, selon les dictionnaires, des abréviations en minuscules ou en majuscules telles que : **nf** (nom féminin) ou **N M** (nom masculin), **nfpl** (nom féminin pluriel) ou **NMPL** (nom masculin pluriel) ; **ADV** (adverbe) ; **VT** ou **vtr** (verbe transitif) ; **VI** (verbe intransitif). À ce sujet, il est vital de connaître le régime des verbes : tel verbe transitif direct en français (par exemple « regarder ») sera transitif indirect en anglais (*to look at*) ; celui-ci, dont la même forme recouvre un emploi transitif et intransitif en anglais (*to open*) correspond à un transitif (ouvrir) ou à un pronominal (s'ouvrir).

Un dictionnaire unilingue a aussi ses codes qu'il faut apprendre à déchiffrer : **C** (countable) ou **N** count (noun, countable) pour les dénombrables ; **UNCOUNT** qui vous donnera l'indication précieuse que dans cet emploi le nom ne pourra se mettre au pluriel ; **phr**(ase) qui montre que vous avez là une expression idiomatique.

2. Les indications d'emploi

Pour vous guider dans votre recherche, les différents sens d'un mot sont séparés suivant le domaine dans lequel il s'utilise. Ainsi, à l'entrée **Wind**, vous rencontrerez, sous diverses formes : **Meteorol** qui vous indique que vous allez trouver ici le mot dans son acception la plus courante de phénomène météorologique ; **Med**, pour médical, ou bien = **flatulence** ; **Breath** ; (Mus) ; **Naut**, abréviation de *nautical*.

Si la phrase d'origine est :

I've been running, so please let me get my wind.

Le contexte (*I've been running*) et l'indication apportée par votre dictionnaire vous mèneront directement à *Breath*.

Je viens de courir, alors, s'il te plaît, laisse-moi reprendre mon souffle.

Lisez maintenant ceci :

Ils s'en prirent aux habitants avec une violence sauvage.

Vous voulez la traduction de « sauvage ». Vous verrez, selon les cas : **[animal, plante, lieu]** ; **(non apprivoisé)** ; **(cruel, barbare)** ou **[conduite]**. Vous comprenez qu'en l'occurrence, il faut aller à « cruel, barbare » ou « conduite ».

3. Les indicateurs de niveau de langue

Le registre est un élément de la plus haute importance quand vous essayez de trouver un équivalent dans une langue qui, parce qu'elle n'est pas votre langue maternelle, a des nuances qui vous échappent. Voyons ce que proposent les dictionnaires pour :

> Ce type est un saligaud.

« Saligaud » est étiqueté familier ou populaire, or tous les dictionnaires bilingues donnent le mot *bastard* qui apparaît dans un dictionnaire unilingue avec l'indication [taboo]/(slang) ou encore [impolite]. On n'est donc pas dans le même registre. *Swine* par contre est qualifié de [informal] — familier — avec la mention [dated], qui signifie « désuet » : il est donc plus proche de « saligaud », et *bastard* correspond plutôt à « salaud ».

Un autre exemple :

> Sur ce, elle ferma son livre et se leva.

Vous trouverez plusieurs traductions : *With that, whereupon, thereupon.* Ce dernier terme est noté comme étant (**soutenu**) et dans un dictionnaire unilingue comme [**formal**] : il ne convient donc pas, aussi vous lui préférerez les deux premiers.

4. La disposition typographique

Notez comment sont séparées les différentes catégories grammaticales et les divers sens. Cela se fait sous la forme suivante : **1 a/b/c** ou **I 1/2/3, II** etc. La plupart des dictionnaires unilingues proposent, eux, une entrée différente pour chacune des acceptions.

D. Comment procéder dans la recherche d'un mot

1. Rechercher l'entrée selon la catégorie grammaticale

Un même terme peut très bien être un verbe ou un nom :

> *Her younger sister tends to copy (**verbe**) her.*
> *There was only one copy (**substantif**) left.*

Dans le premier cas, pourquoi lire intégralement l'entrée **N** pour les substantifs ? Inversement, si vous avez manifestement un nom, chercher une solution dans **V(erbe)** ne vous mènera à rien.

2. Rechercher d'un rapide coup d'œil les domaines d'utilisation

Dans la mesure où un mot a souvent plusieurs sens, le dictionnaire va vous aider à cibler votre recherche à l'aide d'équivalents.

> Elle voudrait faire estimer ce tableau.

Vous buttez sur la traduction de « estimer ». Voyons ensemble ce que proposent deux dictionnaires :

1. (penser) ou (considérer)

2. (expertiser) ou (chiffrer)

3. (respecter)

4. (calculer approximativement)

5. (faire cas de) ou (apprécier)

Quelle entrée vous semble convenir ? De toute évidence, celle qui propose le sens de (expertiser) ou (chiffrer).

3. Rechercher rapidement les domaines d'emploi

Une fois établie la signification globale du mot recherché, il s'agit à présent de voir dans quel contexte il est utilisé. À nouveau, un bon dictionnaire va vous guider. Partons de l'exemple précédent et parcourons l'article (expertiser) ou (chiffrer) :

a. (tableau/propriété) ou (objet/propriété)

b. (dégâts)

Pas de doute, c'est le paragraphe **a.** qui correspond à notre phrase.

4. Lire les exemples donnés

Si vous avez un dictionnaire de qualité vous allez trouvez la locution « faire estimer » et sa traduction. Une recherche intelligente et précise vous a donc rapidement amené à la solution :

She would like to have this painting valued.

5. S'assurer du registre et du niveau de langue

Many old age pensioners work in order to augment their incomes.

Augment est transparent, c'est-à-dire que sa ressemblance avec le français et son utilisation dans le contexte font qu'il ne pose aucune difficulté de compréhension. Vous êtes donc tenté de le traduire instantanément par « augmenter ». Assurément, vous ne ferez là ni faux sens ni contre-sens. Vérifions toutefois dans un dictionnaire unilingue : *To augment* est mentionné comme appartenant au langage soutenu (*formal*). L'auteur de cette phrase aurait pu choisir dans un anglais plus courant *Increase.*

Nous préférerons donc le terme « accroître ». De même, on trouve *Many*, d'un registre plus soigné que *A lot of*. Aussi, nous opterons pour « De nombreux » ou « Nombre de » face à « Beaucoup ».

Nombre de retraités travaillent afin d'accroître leurs revenus.

Un autre exemple tiré cette fois du français :

Mes parents m'ont autorisé à sortir samedi.

Une solution de facilité s'offre à vous : *To authorize*. Consultons un dictionnaire unilingue. Celui-ci parle, à propos de *Authorize*, de *Official permission*, celui-là indique : *Legal permission*. Ici ce n'est pas du tout l'idée.

Permit est noté comme étant d'un usage « soutenu » ou « officiel ». Il est donc également à rejeter.

Par contre, *Allow*, que vous avez trouvé dans un dictionnaire français-anglais, conviendra dans le contexte.

Un conseil enfin pour conclure cette première partie. Lorsque vous serez arrivé au terme de votre traduction, notamment une version, relisez-la à haute voix — si vous êtes dans un lieu qui s'y prête — ou bien à mi-voix : à l'instar de Gustave Flaubert, qui, dans ce qu'il appelait son « gueuloir », s'assurait que son texte ne présentait plus aucune aspérité, faites passer votre traduction à l'épreuve de l'oral. Vous devriez alors, pour peu que ce travail soit accompli sérieusement, vous rendre compte de tout ce qui ne « sonne » pas juste. En effet, vous pouvez hésiter sur le sens de tel ou tel mot anglais, mais votre oreille de locuteur natif, qu'il vous faut cependant exercer, vous fera rejeter une tournure empesée, voire contraire au génie de la langue. Sachez que la traduction est autant une réflexion sur une langue étrangère que sur sa propre langue. Aussi est-il nécessaire de lire, en français comme en anglais, romans, journaux, magazines généralistes ou spécialisés, prospectus et modes d'emploi, enfin tout ce qui vous mettra en contact avec une langue authentique, sans bien sûr oublier l'oral !

IV. La formation des mots

Nombre de mystères que semblent receler pour vous les mots anglais s'éclairciront lorsque vous maîtriserez les règles qui président à leur formation. Celle-ci obéit à deux grands principes : la dérivation et la composition.

A. La dérivation

La dérivation repose sur l'utilisation des affixes. Face à un mot inconnu, essayez dans un premier temps de retrouver sa base, c'est-à-dire son radical, la racine à partir de laquelle il s'est formé et qui lui donne son sens premier. Apprenez le sens fondamental des préfixes (qui précèdent le radical) et des suffixes (qui se placent après la racine).

Voyons ensemble quelques-uns de ces préfixes avec leur acception principale.

1. Les préfixes

Ils servent à exprimer les notions ci-dessous :

> *a. Le contraire / la négation*

a- : sans

> *a*sexual : asexué

anti- : contre

> *anti*-clockwise : dans le sens contraire des aiguilles d'une montre

counter- : contre
>   *counterattraction* : attraction/spectacle concurrent

de- : contraire
>   to *depoliticize* : dépolitiser

dis- : contraire
>   *dishonest* : malhonnête

il- (devant l) : **négation**
>   *illegible* : illisible

im- (devant m, b, p) : **négation**
>   *imbalance* : déséquilibre

in- : négation
>   *indefinable* : indéfinissable

ir- (devant r) : **négation**
>   *irreconcilable* : inconciliable

>   *b. Les relations spatiales et temporelles*

after- : après
>   *after*-life : la vie après la mort

ante- : avant
>   *antenatal* : prénatal

arch- : principal
>   *archrivals* : principaux rivaux

down : en bas
>   *down*-market : bas de gamme

fore- : devant
>   to *foresee* : prévoir

im-/in- : dans/sur
>   *influx* : afflux

inter- : entre
>   *interlinked* : lié, interconnecté

intra- : à l'intérieur
>   *intramural* : dans la cadre d'un établissement scolaire

out- : en-dehors de ; qui est loin de
>   *outlaw* : hors-la-loi ; *outlying* : excentré

over : au-dessus ; trop ; en plus
>   *overhanging* : qui surplombe

post- : après
>   *post*-war : après-guerre

pre- : avant
>   *precook* : cuisiner à l'avance

retro- : en arrière
>   *in **retro**spect* : avec le recul

sub- : en dessous
>   ***sub**zero* : en dessous de zéro

under- : en dessous
>   ***under**sized* : d'une taille en dessous de la moyenne

up- : en haut
>   ***up**-market* : haut de gamme

c. Le nombre et la quantité

micro- : très petit
>   ***micro**light* : ULM

multi- : nombreux
>   ***multi**disciplinary* : pludisciplinaire

semi- : demi
>   ***semi**-detached* : mitoyenne

d. Sens divers

all- : totalité
>   ***all**-in* : tout compris

by- : de moindre importance
>   ***by**way* : petite route

co- : ensemble
>   ***co**-educational* : mixte

en- : dans
>   *to **en**list* : enrôler

mal- : mal
>   ***mal**adjusted* : inadapté

out- : qui dépasse
>   *to **out**live* : vivre plus longtemps que

pro- : en faveur de
>   ***pro**-life* : anti-avortement

self- : soi-même
>   ***self**taught* : autodidacte

super- : supérieur à la moyenne
>   ***super**store* : hypermarché

tele- : télévision ; téléphone
>   ***tele**cast* : émission télévisée ; ***tele**sales* : vente par téléphone

2. Les suffixes

a. Servent à former des adjectifs

-able : qui peut être
> *lovable* : très sympathique

-ate : qui est
> *considerate* : attentionné

-ative : qui montre du goût pour
> *talkative* : bavard

-ed : qui est ; qui a
> *insulated* : isolé ; *bearded* : barbu

-en : qui est en
> *wooden* : en bois

-ey/i : qui est
> *gooey* : collant

-fold : qui atteint tel ou tel chiffre
> *twofold* : double

-free : qui est sans
> *lead-free* : sans plomb

-friendly : qui est sans danger pour ; qui est facile à utiliser par
> *environmentally-friendly* : qui respecte l'environnement ;
> *user-friendly* : convivial

-ful : qui est (plein de)
> *truthful* : qui dit la vérité

-ible : qui peut être
> *edible* : mangeable

-ish : caractéristique de (péj.) ; assez ; environ
> *selfish* : égoïste ; *largish* : assez grand ; *fiftish* : dans les 50 ans

-less : qui est sans
> *meaningless* : dénué de sens

-like : qui est caractéristique de
> *animal-like* : digne d'un animal

-ly : qui est caractéristique de
> *womanly* : tout(e) féminin(e)

-most : qui est le plus
> *southernmost* : qui se trouve le plus au sud

-ory : qui est
> *explanatory* : explicatif

-proof : qui est protégé contre
> *fireproof* : ignifugé, ininflammable

-ridden : qui souffre d'un grand nombre de
>   debt-**ridden** : criblé de dettes

-some : qui est source de ; qui aime ; qu'on aimerait
>   worri**some** : préoccupant ; quarrel**some** : querelleur ;
>   cuddle**some** : qu'on a envie de câliner

-ward : qui va dans telle ou telle direction
>   up**ward** : ascendant

b. Qui servent à former des adverbes

-fashion : à la façon de
>   parrot **fashion** : comme un perroquet / des perroquets

-fold : multiplié par
>   three**fold** : multiplié par trois

-ly : de telle ou telle manière ; du point de vue de
>   dai**ly** : quotidiennement ;
>   environmental**ly** : d'un point de vue écologique

-wards (ward = US) : qui va dans telle ou telle direction
>   up**wards** : vers le haut

-ways : dans tel ou tel sens
>   length**ways** : dans le sens de la longueur

-wise : de telle ou telle manière ; en ce qui concerne
>   crab**wise** : en crabe ; food**wise** : pour ce qui est de la nourriture

c. Servent à former des substantifs

-ability : le fait de pouvoir être
>   read**ability** : lisibilité

-age : qui est la conséquence de
>   spill**age** : marée noire

-ancy/ency : le fait d'être
>   pregn**ancy** : grossesse

-craft : art ; métier
>   wood**craft** : le travail du bois ; witch**craft** : sorcellerie

-cy : le fait d'être
>   priva**cy** : la vie privée

-dom : le fait d'être ; territoire ; groupe
>   star**dom** : célébrité ; king**dom** : royaume ; official**dom** : les officiels

-ee : quelqu'un qui est
>   employ**ee** : un employé

-er/eer/ar/or : quelqu'un / quelque chose qui fait quelque chose
>   employ**er** : un employeur ; auction**eer** : commissaire-priseur ;
>   registr**ar** : officier de l'état civil ; indicat**or** : clignotant

-ery : le fait d'être
> *slav**ery*** : esclavage

-ese : jargon
> *official**ese*** : le jargon administratif

-ful : quantité/contenu
> *spoon**ful*** : cuillerée

-hood : le fait d'être
> *woman**hood*** : être femme

-ics : science
> *econom**ics*** : l'économie

-ite : quelqu'un qui appartient à
> *social**ite*** : un mondain

-itis : maladie
> *bronch**itis*** : bronchite

-let : quelque chose qui est petit
> *pig**let*** : porcelet

-manship : art/technique
> *states**manship*** : talent d'homme d'État

-meter : instrument de mesure
> *parking **meter*** : parcmètre

-monger : quelqu'un qui vend ; quelqu'un qui propage
> *fish**monger*** : poissonnier ; *scandal-**monger*** : colporteur de ragots

-ness : le fait d'être
> *tired**ness*** : fatigue

> *d. Servent à former des verbes*

-en : à partir d'un adjectif
> *dark**en*** : assombrir

-ify : à partir d'un adjectif ou d'un nom
> *to pur**ify*** : purifier ; *beaut**ify*** : embellir

-ise/ize : à partir d'un adjectif ou d'un nom
> *american**ize*** : américaniser ; *crystall**ise*** : cristalliser

B. La composition

La composition consiste à former un adjectif ou un nom à partir d'au moins deux autres mots. Ces mots composés s'écriront suivant un usage parfois fluctuant soit en seul mot (*ghostwriter*), soit reliés par un trait d'union (*ghost-writer*), soit séparés par un espace (*ghost story*). Il importe de savoir que c'est le deuxième élément qui porte le sens principal et qui devra donc être traduit en premier. Le premier mot, qui apporte une précision par rapport au sens principal, apparaîtra en deuxième position dans la version française :

A race-<u>horse</u>	A horse <u>race</u>
Un <u>cheval</u> de course	Une <u>course</u> de chevaux

Dans le sens français-anglais, le mouvement sera inverse :

Une vitrine de <u>magasin</u>	Un <u>magasin</u> de disques
A <u>shop</u> window	A record <u>shop</u>

1. Les noms composés

a. Les noms composés et le pluriel

En traduction, vous éviterez une grave erreur si vous considérez le premier élément comme un adjectif : vous comprenez alors pourquoi en anglais il ne porte habituellement pas la marque du pluriel.

Une histoire de fantômes
A ghost story

Ceci vaut également pour les noms qui s'emploient toujours au pluriel. Ainsi :

Les poches de son pantalon
Her trouser pockets

Cependant le mot « Pantalon » se dit « *Trousers* ».

Quelques mots font exception à cette règle : *clothes*, *customs* (ce dernier se rencontre parfois sans « S »), *goods*, *news*, *savings*, *sports*, les noms de sciences en -*ics*.

Un douanier
A customs officer

La page des sports
The sports page

b. Les noms composés et la structure Nom + of + Nom

Vous ne pouvez utiliser un nom composé lorsqu'il y a extraction d'une partie d'un tout. Supposons que vous ayez à traduire :

Une bouteille de lait

Si vous faites référence au *contenant*, c'est-à-dire une bouteille qui sert à mettre du lait et non du vin, de l'eau, etc., vous aurez :

A milk bottle

Par contre, si vous vous intéressez au *contenu*, à savoir que cette bouteille contient du lait et non un autre liquide, vous utiliserez la construction avec *Of* :

A bottle of milk

Ce qui est vrai des indénombrables (*milk*) l'est aussi des dénombrables dont on extrait un sous-ensemble :

Un troupeau d'éléphants
A herd of elephants

et non pas : *an elephant herd*.

c. Les noms composés et la structure Nom's + Nom

Voici deux cas parmi d'autres où vous pourrez utiliser le génitif.

▶ *Pour parler des périodes de temps*

Une journée de repos
A day's rest

Un retard de deux heures
A two hours' delay

Serait également possible un adjectif composé (voir plus bas) :

A two-hour delay

▶ *Pour parler de l'appartenance à une catégorie*

Nous avons affaire ici à un génitif classifiant, appelé aussi générique.

Cow's milk
Du lait de vache

Cat's food
Des aliments pour chats

Remarque : En traduction, bien analyser le contexte pour lever la difficulté que l'on a parfois à distinguer un génitif générique d'un génitif déterminatif. Ainsi,

This large woman's hat

peut signifier :

Ce grand chapeau de femme

ou bien

Le chapeau de cette grosse femme

2. Les adjectifs composés

N'oubliez pas que près du nom à qualifier se trouve l'élément de base ; vient ensuite le second élément qui apporte une précision par rapport au premier. Pour traduire un adjectif composé, vous « remonterez » vers la gauche en partant du nom à qualifier. Voyez cet exemple :

A quick-acting medicine

Je traduis d'abord *medicine* puis *acting* et enfin *quick* pour aboutir à :

Un médicament qui agit rapidement

Si l'on vous demande de former des adjectifs composés, sachez qu'ils peuvent se regrouper en cinq grandes catégories.

Les chiffres ci-dessous désignent :

① le nom à qualifier ;
② l'élément de base ;
③ l'élément qui précise l'élément de base

a. Qui est : Mot-Mot (Nom à qualifier)
③   ②   ①

L'adjectif composé peut se paraphraser par « Qui est », comme ci-dessous :

Un blazer bleu marine
①   ②   ③

Je paraphrase : « Un blazer qui est bleu marine », d'où :

A navy-blue blazer
③   ②   ①

b. Actif : Mot-V-ING (Nom à qualifier)
③   ②   ①

L'adjectif composé est formé d'un verbe qui a un sens actif.

Un animal qui se déplace lentement
①   ②   ③

A slow-moving animal
③   ②   ①

c. Passif : Mot-Verbe au participe passé (Nom à qualifier)
③   ②   ①

L'adjectif composé est formé d'un verbe qui a un sens passif.

Un gâteau fait à la maison
① ②   ③

A home-made cake **ou** homemade cake
③   ②   ①

d. Qui a : Mot-Mot + ED (Nom à qualifier)
③   ②   ①

L'adjectif composé définit un nom qui a telle ou telle caractéristique.

Une fille aux cheveux blonds
①   ②   ③

Je peux paraphraser par « Une fille qui a les cheveux blonds », ce qui nous conduit à :

A blond-haired girl
③   ②   ①

e. Chiffre : Chiffre-Mot singulier (Nom à qualifier)
②   ③   ①

L'adjectif composé est formé d'un chiffre ou d'un nombre et d'un mot qui ne prend jamais la marque du pluriel.

Vous remarquerez que l'ordre des éléments est différent par rapport aux cas précédents.

Un livre de trois cents pages
① ② ③
A three-hundred-page book
② ③ ①

Chapitre 2

La phrase

I. Des structures différentes

Si l'on analyse la manière dont l'anglais et le français agencent les éléments à l'intérieur des phrases, on se rend compte qu'il serait souvent très maladroit, voire contraire à la logique de la langue, de vouloir essayer de traduire en suivant rigoureusement l'ordre syntaxique apparaissant dans le texte-source pour l'appliquer à la langue-cible. À l'évidence, d'un auteur ou d'un texte à l'autre, on observera une grande variété dans la construction des énoncés, mais il est important, dans le cadre formel d'un examen ou d'un concours, de pouvoir faire la preuve de votre aptitude à reconnaître et utiliser les structures caractéristiques fondamentales propres à chaque langue. Nous parlerons donc ici, plutôt que de règles absolues, de tendances notables contrastées.

A. Tendance de l'anglais à maintenir l'ordre Sujet (+ apposition/juxtaposition) – Verbe – Complément(s)

Alors que le français n'hésite pas à recourir à des incises (propositions enchâssées), des antépositions (éléments placés devant un autre), et inversions, l'anglais, plus circonspect, préfère respecter le schéma canonique. Une règle fondamentale est de ne pas séparer le verbe de son COD ni, de façon plus générale, briser l'unité d'un syntagme.

FRANÇAIS	ANGLAIS
a) Antéposition ①	a) Ordre SVC
Jeune agriculteur gallois de 25 ans, Dick Thomson a abandonné tout espoir.	Dick Thomson, **a young 25-year-old farmer**, has given up all hope.
b) Incise	b) Ordre SVC
Elle lisait souvent, **assise près de la fenêtre**, ses lettres d'amour.	She would often read his love letters, **sitting by the window.**
Mme Dawson, **malgré son grand âge et l'arthrite**, faisait son jogging tous les matins.	Mrs Dawson went jogging every morning **in spite of her old age and arthritis.**
c) Inversion	c) Ordre SVC
« Je n'ai aucune raison de m'excuser », **répondit-elle.**	« There's no reason why I should apologize », **she answered.**

① Antéposer : placer un ou plusieurs mots à gauche plutôt qu'à droite d'autres mots.

Ex. : Dick Thomson, jeune agriculteur de 25 ans, …

Jeune agriculteur de 25 ans, Dick Thomson, …

|

Éléments antéposés

B. Tendance de l'anglais à placer l'information nouvelle au premier plan

Le français présente en général d'abord ce qui est connu et dont on parle (le thème) avant l'information nouvelle (le rhème ou propos). L'anglais procède à l'inverse.

FRANÇAIS	ANGLAIS
Son ennemi et grand rival en amour : **le Rouquin** (information nouvelle).	***Ginger*** *was his enemy and arch rival in love.*
On construit **de nouvelles installations sportives** (information nouvelle).	***New sports facilities*** *are being built.*

C. Tendance de l'anglais à clarifier les relations entre les éléments d'une phrase

Il est fréquent pour le français de laisser implicite une relation que l'anglais, au contraire, cherchera à préciser. Ainsi la préposition « à » recouvre des relations très diverses traduites différemment en anglais. De même, derrière une phrase simplement juxtaposée en français, vous rechercherez le lien logique sous-jacent. Enfin, le problème se pose également de traduire explicitement certains signes de ponctuation.

FRANÇAIS	ANGLAIS
a) Préposition Demain, je vais **à** Exeter. C'est **à** toi (possession) / **à** toi (à ton tour) / C'est **à** toi de décider. Elle alla chercher un seau d'eau **à** la rivière.	a) Explicitation *Tomorrow I'm going **to** Exeter.* *It's **yours / your turn / up to you**.* *She fetched a bucket of water **from** the river.*
b) Juxtaposition Sandhar, **né dans une caste inférieure**, n'avait aucun espoir de l'épouser.	b) Explicitation *Sandhar had no hope of marrying her **as he was born into a lower caste**.*
c) Ponctuation Ben perçait des trous, Paul et David enfonçaient des clous. Cette somme d'argent est destinée à couvrir divers frais : voyage, logement ou nourriture.	c) Explicitation *Ben was drilling holes **while** Paul and David were knocking in nails.* *This sum of money is to cover various costs **such as** travel, accommodation or food.*

D. Tendance de l'anglais à préférer les formes verbales (conjuguées ou non)

Nombre de locutions nominales françaises, de tournures infinitives et autres formes impersonnelles seront rendues en anglais idiomatique par un verbe employé à sa forme conjuguée.

FRANÇAIS	ANGLAIS
a) Locution nominale **À son arrivée**, elle lui passa un coup de fil.	a) Verbe conjugué *When she arrived, she gave him a ring.*
b) Groupe nominal / Locution nominale **La reconstruction** de la cathédrale prit 60 ans. **Le fait de vivre** dans la capitale a été un atout.	b) Forme verbale en *ING* *The **rebuilding** of the cathedral took 60 years.* ***Living** in the capital has been an asset.*
c) Verbe à l'infinitif Comment lui **dire** ?	c) Verbe conjugué *How can/could I tell her?*
d) Participe passé **Rentré** à la maison, il se transformait en tyran.	d) Verbe conjugué *Once he was back home, he would turn into a tyrant.*
e) Participe présent La neige **s'amoncelant**, ils décidèrent de rebrousser chemin.	e) Verbe conjugué *As the snow was banking up, they decided to turn back.*

Le participe passé peut également correspondre en anglais à un participe présent, notamment pour les verbes de position.

Assise à son chevet, elle priait en silence.	*Sitting at his bedside, she was praying silently.*

E. Tendance de l'anglais à utiliser d'autres tournures que des relatives

Pour un grand nombre de relatives françaises vous arriverez à une traduction plus naturelle en recourant à un participe présent ou passé, une préposition, une circonstancielle, ou en remplaçant le pronom relatif par une conjonction de coordination.

Relatives en français	Tournures variées en anglais
Beaucoup de ceux **qui traversent** la frontière se font prendre par les patrouilles.	*Many of those **crossing** the border get caught by the patrols.*
Il saisit l'enveloppe **qu**'il ouvrit nerveusement.	*He grabbed the envelope **and** tore it open nervously.*
Tout à coup, **Robert, qui se dirigeait** vers le vestiaire, aperçut le journaliste.	***Robert was walking over** to the cloakroom when he suddenly caught sight of the journalist.*
Et **cet idiot qui** a encore renversé du café sur sa chemise !	***That fool has spilt** coffee on his shirt again!*

F. Tendance de l'anglais à préférer la coordination à la juxtaposition ou à la subordination

Le français aime à juxtaposer mots, syntagmes, propositions indépendantes, et se caractérise également par la subordination qui tisse une forte dépendance entre les énoncés. L'anglais, par contre, aura une propension marquée pour les coordonnants (les deux derniers éléments étant reliés par *and*). Il préfère en outre présenter les événements chronologiquement, les uns à la suite des autres.

FRANÇAIS	ANGLAIS
a) Juxtaposition	a) Coordination
On était épuisés, trempés jusqu'aux os.	*We were exhausted and soaked to the skin.*
Pourquoi est-ce que tu ne me prêtes pas la voiture ? Tu ne t'en sers pas.	*Why don't you lend me the car since you don't use it?*
b) Subordination	b) Coordination
Il arriva au bureau **pour s'entendre dire** qu'il était viré.	*He arrived at the office **and was told** he was fired.*
Il me fit un clin d'œil entendu et **après s'être assis, il sortit** un carnet qu'il me tendit.	*He gave me a knowing wink and sat down. **Then he took** a notebook **and** handed it to me.*
Arrivé en 1924, Vladimir **acheta** son premier magasin trois mois après le Jeudi Noir.	*Vladimir **arrived** in 1924 **and bought** his first shop three months after Black Thursday.*

II. Problèmes de ponctuation

Les signes de ponctuation que vous connaissez en français existent assurément en anglais. Vous en trouverez d'ailleurs la traduction ci-dessous. Néanmoins les règles qui les régissent diffèrent souvent d'une langue à l'autre : il en est ainsi de la virgule française dont nous verrons de quelle manière il est parfois préférable de la rendre. À l'inverse, elle sera utilisée en anglais quand le français optera pour un autre signe. D'autre part, un signe très courant comme le deux-points s'avère d'un usage bien moins fréquent en anglais. Dans le domaine de la ponctuation, soyons donc vigilants !

Voyons à présent les principales différences. Dans les cas non mentionnés ici, considérez que le signe à employer sera identique dans les deux langues.

FRANÇAIS	ANGLAIS
1. La virgule a) Utilisée pour relier deux indépendantes formant un tout	a) Point-virgule [*semicolon*]/*and*/*while*/ *whereas*
La lune se levait, le ciel était sans étoiles.	*The moon was rising ; the sky was starless.*
b) Utilisée pour séparer les deux derniers termes d'une énumération	b) *And*
On lui présenta une femme jeune, jolie, l'air intelligente.	*He was introduced to a young, pretty, and clever-looking woman.*
c) Utilisée pour séparer chiffres et nombres	c) Point [point — appelé *full point* ou *period* (US) à la fin d'une phrase]
Nous avons augmenté notre part du marché de 18,4 % sur l'année écoulée.	*We've increased our share of the market by 18.4 % over the past year.*
2. Le point a) Utilisé pour séparer une phrase courte sans verbe	a) Point [*full point* ou *period*] + sujet + verbe
Tout à coup, elle se met à hurler et à vous insulter. Une folle absolue.	*Suddenly she starts screaming and hurling abuse at you. She's a complete nutter.*
b) Utilisé pour séparer les milliers	b) Virgule [*comma*]
15.260 réfugiés passèrent la frontière.	*15,260 refugees crossed the border.*
3. Deux-points a) Utilisé pour présenter une cause, une conséquence	a) Point-virgule dans un style soutenu / Tiret [*dash*] ou mots marquant la relation. Le deux-points [*colon*] est rare.
Son père piqua une crise : elle était encore en retard.	*Her father hit the roof—she was late again / because she was late again.*
J'étais crevée : je suis rentrée.	*I was shattered so I came home.*
b) Utilisé pour annoncer une liste explicative	b) Tiret / Mots explicatifs : *such as, like, for example* abrégé en *e.g., that is to say* abrégé en *i.e.* / Deux-points également possible.
Vous devriez éviter les aliments à forte teneur en protéines : œufs, fromage, viande.	*You should avoid high-protein foods like/such as eggs, cheese and meat.*
	You should avoid high-protein foods— eggs etc.

c) Utilisé pour introduire le discours direct

Elle poursuivit : « Je savais qu'il n'oserait pas. »

4. Le tiret

Utilisé pour introduire une réplique dans un dialogue

— Tiens, c'est un cadeau pour toi.

5. Les points de suspension

a) Utilisés pour marquer une phrase inachevée

— Et si le train…

— Ne t'inquiète pas. Je lui passerai un coup de fil.

b) Utilisés pour créer un effet

Il aperçut trois garçons, deux filles de Sheldon Grammar et… sa propre sœur !

6. Les guillemets

Utilisés pour rapporter des paroles ou attirer l'attention sur un mot

« Tu vois, c'est ce que Ronald appellerait une "boulette". »

---

c) Virgule

She went on, 'I knew he wouldn't dare.'

Guillemets [*inverted commas* (GB) ou *quotation marks* (GB et US)].

'Here, it's a present for you.'

a) Tiret. Les points de suspension [*suspension points*] se rencontrent également.

'What if the train— '

'Don't worry. I'll give her a ring.'

b) Tiret

He saw three boys, two girls from Sheldon Grammar and—his own sister!

Généralement : guillemets simples en anglais britannique et doubles en anglais américain. Notez comment l'on varie les guillemets.

'You see, that's what Ronald would call a "bloomer"' (GB)

"You see, that's what Ronald would call a 'bloomer'" (US)

III. Transcription d'un dialogue

Vous noterez que traditionnellement, même si là encore on peut rencontrer des variantes, les dialogues sont présentés différemment d'une langue à sa traduction. Ainsi, il est d'usage en français d'ouvrir les guillemets au début de la première réplique et à la fin de la dernière. En anglais, les guillemets — simples ou doubles — encadrent chaque prise de parole. On varie le style de guillemets si une citation par exemple apparaît à l'intérieur du dialogue. En outre, le français fait précéder chaque réplique d'un tiret, absent en anglais. Le tableau ci-dessous vous résume les principales différences.

FRANÇAIS	ANGLAIS
— « Est-ce qu'il t'a dit qu'il m'aimait ?, demanda-t-elle. — Eh bien, pas en ces termes-là, mais il m'a bien dit : « C'est une fille très sympa. »	*'Did he tell you he loved me?', she asked.* *'Well, not in so many words, but he did tell me, "She's a very nice girl."'*
— Je te serais très reconnaissante, poursuivit-elle, si tu voulais bien l'inviter pour ton anniversaire. »	*'I'd be very grateful to you', she went on, 'if you would invite him for your birthday.'*

IV. Inversion sujet-verbe

Il existe un certain nombre de cas dans lesquels, lors du passage d'une langue à l'autre, vous ne pourrez conserver l'inversion. Il en est ainsi de la phrase : « Peut-être a-t-il manqué son bus » ou de celle-ci : « *Never in my life have I heard anyone talk as much as her* » qui, une fois traduites, retrouveront l'ordre habituel sujet — verbe : « *Maybe he has missed his bus.* » et « Jamais au cours de ma vie je n'ai entendu quelqu'un parler autant. » Nous allons voir à présent les tournures anglaises qui placent l'auxiliaire ou le verbe avant le sujet, en distinguant les niveaux de langue, c'est-à-dire selon que l'on écrit un anglais châtié ou courant.

A. Inversion obligatoire en anglais : Auxiliaire ou Verbe + Sujet

1. Anglais soutenu

a. Après un adverbe de sens négatif ou restrictif

Ex. : *Never / No / No sooner / Hardly / Scarcely / Rarely / Seldom / Only / Not only / Little*, etc.

Under no circumstances will I apologize : En aucun cas, je ne m'excuserai.

No sooner had she opened the door when/than she heard the phone ring : À peine eut-elle ouvert…

Hardly (scarcely) had he been home when Janet arrived : À peine fut-il rentré…

Seldom (rarely) have I heard such nonsense : Rarement j'ai entendu…

Only then did he understand the seriousness of the situation : Ce n'est qu'alors qu'il…

Not only is Susan very pretty but she is also incredibly intelligent : Non seulement Susan est…

Little does he realise what the future holds in store for him : Il est loin de se rendre compte…

Remarque : Dans un anglais courant, on rétablira l'ordre habituel :

Susan is not only very pretty, she's also incredibly intelligent.
I have seldom heard such nonsense.

b. Après There *et des adverbes / locutions adverbiales de lieu accompagnés de verbes d'état ou de mouvement*

In the middle of the room was a wooden table : Au milieu de la pièce se trouvait…

In the garden stood a venerable old tree : Dans le jardin se dressait…

On the grass lay the body of the knight : Sur l'herbe gisait le corps…

There once lived an ugly witch : Là vivait autrefois une vilaine sorcière...

❙ Pas d'inversion si le sujet est un pronom :

On the bed she laid like Sleeping Beauty : Sur le lit elle gisait...

c. Après As *de comparaison lorsqu'on a un seul auxiliaire*

He was a communist, as were all his schoolmates : ... comme l'étaient tous ses condisciples...

She went to church every Sunday, as did all the women in the village : ... comme le faisaient toutes les femmes...

❙ Pas d'inversion si le sujet est un pronom :

She went to church every Sunday, as I did : ... comme moi.

❙ Pas d'inversion s'il y a deux auxiliaires :

She went to church every Sunday as all the women in the village had done : ... comme l'avaient fait toutes les femmes...

d. Après So/Such *de valeur intensive*

So amazed was I that I stood gaping : Ma stupéfaction fut telle...

Such was his surprise that he didn't say anything : Sa surprise fut telle...

e. *Lorsqu'on a une subordonnée conditionnelle avec un past perfect ou* Should

Had Napoleon won the battle of Waterloo, the future of Europe would have been totally different : Si Napoléon avait gagné...

Should you be in Paris, please come and see us : Si d'aventure vous vous trouviez...

f. *Lorsque des verbes comme* To say / To answer / To reply / To ask *etc. servent à rapporter du discours direct*

'I must be off now,'said Peter : ... dit Peter. (**Et non : « Peter dit »** !)

'I have never heard of him,' answered Louise : ... répondit Louise.

❙ Pas d'inversion si le sujet est un pronom :

'I have never heard of him,' she answered : ... répondit-elle.

Remarque : en anglais courant, on garde l'ordre sujet-verbe :

'I must be off now,' Peter said.

g. *Après un adjectif ou un adverbe dans un style très littéraire :*

*Long have I loved what I behold (**W. Wordsworth**) :*
Depuis longtemps, j'aime ce qui s'offre à mes yeux.

2. Anglais courant

a. Après Neither/Nor/So exprimant une reprise

— I'm fed up with them. — So am I. (moi aussi)
— I like this girl. — So do I.
— I won't tell my parents. — Neither will I. (moi non plus)
— I have never been to Canada. — Nor have I.

b. Après Here ou une particule exprimant le mouvement

Here's some money—go and buy yourself some sweets. : Voilà de l'argent...

Here comes the sun : Voilà le soleil qui arrive.

Up goes the monkey! : Et hop, le singe qui monte !

❚ Pas d'inversion si le sujet est un pronom :

Here he comes.
Le voilà qui arrive.

B. Inversion (généralement) impossible en anglais

1. Lorsque le sujet est un pronom personnel

Here he comes
Le voilà qui arrive.

2. Dans certaines interrogatives indirectes

She asked me where the dog was : ... où était le chien.

I wondered where Angus had gone : ... où était parti Angus.

I don't know what these people want : ... ce que veulent ces gens.

He didn't explain who Daltrey was : ... qui était Daltrey.

3. Dans les relatives

They never found the place where the treasure had been hidden : ... où avait été caché le trésor.

What Johnson had forgotten to say was that he was her lover : Ce qu'avait oublié de dire Johnson...

4. Après Perhaps/Maybe/So (marquant la conséquence)

Perhaps he has missed his bus : Peut-être a-t-il manqué...

I knew he'd get mad, so I didn't tell him anything : ... aussi ne lui ai-je rien dit.

5. Les titres de journaux

Généralement, les manchettes de la presse française, obéissant à une logique cartésienne, conservent une syntaxe proche d'une phrase normale et résument clairement le sujet des articles. Confrontés aux gros titres des journaux anglo-saxons, le lecteur non averti se trouvera par contre déconcerté : les règles grammaticales connues semblent de peu de secours pour déchiffrer ces énoncés énigmatiques ; et puis quel ordre donner à ces séries de mots accolés les uns aux autres sans lien aisément repérable ? Le fait est que les journalistes visent à la concision maximale, d'où un recours systématique à l'ellipse — c'est-à-dire l'omission volontaire de certains termes — et à la simplification. Toutefois, votre compréhension s'affinera si vous connaissez les règles particulières qui régissent la grammaire des manchettes de journaux, règles somme toute assez semblables à celles du style télégraphique.

A. Ellipse

1. Du verbe *To be*

More job losses
Les suppressions d'emploi se multiplient / sont en augmentation

Dans cet exemple, *There are / There will be* n'apparaît pas : à vous de le rétablir.

Dairy farmers desperate, says union official
Un responsable syndicaliste déclare : « les exploitants laitiers sont désespérés »

'*Dairy farmers are desperate*' serait la forme attendue.

Three French journalists held hostage, **au lieu de** '*are held hostage*'
Trois journalistes français détenus en otage

2. D'autres verbes

On se contente de substantifs, comme c'est souvent le cas en français :

Anger in Palestine (as Israel takes action)
Colère en Palestine…

10 years' prison for paedophile
10 ans de prison pour un pédophile

L'omission du verbe est particulièrement notable dans les titres constitués exclusivement d'une série de substantifs. Ce sont là, sans nul doute, les énoncés les plus difficiles à comprendre. Ainsi que faire de :

No-go areas policy change?

'*Change*' ne peut être un verbe car le mot ne porte pas de marque de troisième personne du présent.

Une technique de traduction utile consiste à remonter de droite à gauche en rétablissant le lien entre chaque terme : un changement (*change*) de politique (*policy*) sur les zones (*areas*) de non-droit (*no-go*).

Un autre exemple :

>   *Famine victims NGO appeal*
>   Appel (*appeal*) des ONG (*NGO*) en faveur des victimes (*victims*) de la famine (*famine*)

3. De l'article

Indian writer wins Booker Prize

au lieu de : *An Indian writer wins the Booker Prize.*

B. Simplification

1. Du système temporel

>   *a. Le temps de base utilisé est le présent simple, quand bien même les faits relatés seraient passés. Les formes composées (Present perfect / Past perfect) ne se rencontrent quasiment pas*

Inquiry concludes minister guilty of embezzlement
L'enquête / Une enquête conclut / a conclu à la culpabilité du / d'un ministre pour détournement de fonds

>   *b. Le présent en* Be + -ING *est réduit à la forme* -ING

Twister causing chaos in Arizona
Une tornade provoque le chaos en Arizona

>   *c. Le futur s'exprime à l'aide de* To be to

EU leaders are to meet in Luxemburg
Rencontre des dirigeants européens prévue à Luxembourg

Ou plus littéralement : « Les dirigeants européens se rencontreront / doivent se rencontrer à Luxembourg. »

>   *Pope to visit China next year (**vous noterez ici l'ellipse de** is)*
>   Le Pape se rendra en Chine l'an prochain

2. Par recours fréquent au gérondif

Keeping an eye on tax-dodgers
Les fraudeurs de l'impôt sous surveillance

Dans ce genre de titre, n'essayez pas de rendre le gérondif par un verbe et pensez plutôt au substantif français qui lui correspond : *Keeping an eye* renvoie à l'idée de surveillance.

Tracking down crack producers
Sur la piste des producteurs de crack.

Fighting a rearguard action against professional army
Un combat d'arrière-garde contre l'armée de métier

Remarque : Ce qui rend également l'abord des titres de la presse anglo-saxonne extrêmement déroutant pour le novice, ce sont les jeux de mots très fréquents qu'ils contiennent : le journaliste entre en connivence avec son lecteur, lui-même flatté d'avoir saisi l'allusion humoristique ou culturelle. Il est évidemment impossible de donner des recettes de déchiffrage. Toutefois gardez toujours à l'esprit qu'un titre est peut-être un clin d'œil, et c'est en développant vos connaissances sur tous les domaines civilisationnels que vous acquerrez la subtilité de lecture nécessaire. Voyez les exemples ci-dessous :

Mirror up to Nature

Tout en annonçant un sujet sur le télescope Hubble, ce que vous lisez là est un vers tiré de *Hamlet*, la pièce de W. Shakespeare. Comment le traduire ? Optons pour :

Un miroir tourné vers la nature

Voyez à présent :

Banana trade with a bunch of problems

Ce titre repose sur le double sens de *bunch* qui signifie à la fois un régime (de bananes) et un lot (de problèmes), et annonce un article sur le conflit Europe-USA à propos du commerce du fruit en question. La traduction de jeux de mots est toujours problématique, c'est pourquoi il est souvent préférable de ne pas s'obstiner à vouloir traduire mot à mot et opter plutôt pour l'infidélité à la lettre tout en restant fidèle à l'esprit :

Commerce de la banane : changement de régime

Chapitre 3

Les opérations de traduction

Dans les sujets d'examen, le mot à mot vous permettra rarement de traduire de façon satisfaisante. Peut-être arriverez-vous spontanément à trouver l'équivalent exact ou approché. Malheureusement aussi, vous buterez souvent sur telle ou telle expression ; un idiomatisme dont vous penserez comprendre le sens déjouera tous vos efforts. C'est là que la maîtrise de certaines techniques de traduction s'avérera utile. Contrairement à quelqu'un qui, tombé à l'eau, paniquera ou s'en remettra en vain à son instinct pour s'en sortir, apprenez quelques gestes simples qui vous permettront de ne pas couler.

I. La transposition

La première opération que nous allons illustrer ici est la « transposition ». Celle-ci consiste à passer d'une catégorie grammaticale utilisée dans la langue de départ à une autre catégorie dans la langue d'arrivée. Par exemple, si vous avez un verbe en anglais, et que la traduction par un verbe se révèle impossible ou maladroite, essayez de le rendre par un nom ou un adverbe, voire un adjectif. Un adverbe vous pose problème ? Voyez si un verbe ou un adjectif ne vous tirerait pas d'un mauvais pas.

A. La transposition du verbe

1. Verbe ↔ Nom

After they came back…
Après leur retour, …

Dès leur arrivée, …
As soon as they arrived…

2. Verbe ↔ Adverbe

She may have missed…
Elle a peut-être manqué…

Elle est certainement…
She must be…

3. Verbe ↔ Préposition / groupe prépositionnel

She happened to see…
Par hasard, elle aperçut…

The two girls hurried back home.
Les deux fillettes se dépêchèrent de rentrer.

4. Verbe ↔ adjectif

You're kidding!
C'est pas possible !

Ils se méfient de…
They are distrustful of…

5. Verbe au participe présent/passé ↔ nom

Deprived of their rights, …
La privation de leurs droits…

Après notre conversation, …
After talking to each other…

B. La transposition du nom

1. Nom ↔ adverbe

Ne pensez pas de mal de…
Don't think badly of…

2. Nom ↔ adjectif

India's parliament…
Le parlement indien…

Pour le gérondif, qui tient à la fois du verbe et du nom, voyez le chapitre qui lui est consacré.

C. La transposition de l'adjectif

1. Adjectif ↔ groupe prépositionnel

A blue-eyed girl.
Une fille aux yeux bleus.

Une personne sans emploi.
A jobless person.

The unemployed.
Les sans-emploi.

2. Adjectif ↔ adverbe

… demanda-t-elle, inquiète.
… she asked worriedly.

He spends the odd day…
Il passe de temps en temps une journée…

D. La transposition de l'adverbe

1. Adverbe ↔ groupe prépositionnel

… she asked worriedly.
… demanda-t-elle d'un air / d'un ton inquiet.

Ç'a été payé intégralement.
It was paid in full.

2. Adverbe ↔ affixe (préfixe ou suffixe)

I never saw her again.
Je ne l'ai jamais revue.

Some twenty kilos.
Une vingtaine de kilos.

II. La modulation

Lorsqu'une idée se traduit en prenant un chemin différent de celui pris dans la langue de départ, on dit qu'elle est l'objet d'une « modulation ».

Par exemple, d'une personne dont la vue est médiocre, le français dira :

Elle est myope comme une taupe.

L'expression anglaise équivalente sera :

She is as blind as a bat.

Littéralement : « Elle est aveugle comme une chauve-souris ».

Si le but est bien identique, la route empruntée diffère. Observons donc ensemble quelles sont les techniques qui nous permettent de trouver les tournures idiomatiques françaises correspondant à des expressions anglaises.

A. Modulation lexicale

La modulation lexicale consiste à adopter un point de vue différent en opérant des changements à l'intérieur des catégories ci-dessous.

1. Les images et métaphores

Lisez l'exemple suivant :

I could eat a horse.

La traduction vous échappe ? Réfléchissez à l'idée exprimée et demandez-vous si le français n'utilise pas lui aussi une métaphore animale. En l'occurrence, une solution parmi d'autres pourrait être :

J'ai une faim de loup.

2. Les notions de temps et de lieu

Ces deux mots doivent s'entendre au sens large. Ainsi, les adjectifs de nationalité seront, le cas échéant, l'objet d'une modulation.

They took French leave.

Vous comprenez que le sens est « Partir » (*leave*). Reliez ceci mentalement à un adjectif de nationalité différent et vous arriverez sans nul doute à :

Ils ont filé à l'anglaise.

Dans l'expression que voici, vous noterez que la différence de point de vue entre le français et l'anglais s'exprime au travers d'un changement de temps :

I have known her for 25 years.
Je la connais depuis 25 ans.

3. L'expression de la cause et de la conséquence

He sang himself hoarse.

L'anglais choisit d'exprimer logiquement la cause (*sang*) suivie de la conséquence (*hoarse*). Ce dernier mot signifie « Enroué, rauque ». Face à ce type de construction, essayez d'inverser l'ordre en traduisant d'abord la conséquence puis la cause. Ce faisant, vous serez amené à faire subir une transposition à *Hoarse*. Première étape : « Il s'est enroué à force de chanter », pour arriver par exemple à :

Il s'est cassé la voix à trop chanter / à chanter trop fort.

4. L'expression du moyen et du résultat

Ici encore, si l'anglais choisit d'exprimer le résultat, dites-vous que le français préférera peut-être rendre compte du moyen utilisé.

A fire escape.

Ce mot traduit l'idée d'un résultat, à savoir échapper à un incendie. Le français expliquera par quel moyen atteindre le résultat recherché :

Un escalier de secours.

5. L'expression de la partie et du tout

Pour parler de certaines personnes, l'anglais familier peut dire :

They get in my hair.

Diverses traductions sont possibles, mais afin d'illustrer notre propos, voyons comment remplacer l'expression d'une partie (*hair*) par un tout en français :

Ils me prennent la tête.

6. L'expression du concret et de l'abstrait

She flew into a rage.

Flew, verbe concret, peut être rendu par un verbe du même ordre : « Elle est partie dans une rage… ». Mais il arrive souvent que le français préfère une tournure plus neutre, qui, ici, pourrait être :

Elle s'est mise en rage.

Cette solution s'avère également moins familière que la précédente.

7. L'expression du positif et du négatif

Illustrons ceci d'un exemple :

> *She is a hard person to size up.*

Prenons une formule négative pour traduire *Hard* :

> Elle n'est pas facile à saisir.

B. Modulation grammaticale

1. L'expression de l'actif et du passif

L'usage du passif en français semble souvent lourd et se révèle même impossible dans un grand nombre de cas. Traduisez par un verbe à l'actif.

> *We were asked to evacuate the school.*
> On nous demanda d'évacuer l'école.

2. L'expression de la personne / expression impersonnelle

> *He opened his eyes.*
> Il ouvrit les yeux.

3. L'expression du pluriel/singulier

> *The pupils opened their bags.*
> Les élèves ouvrirent leur sac.

4. L'expression du temps

> *Christopher Columbus discovered America in 1492.*
> Christophe Colomb découvre l'Amérique en 1492.

5. L'expression du procès

> *When he got back to his office, he realized he still had the photos.*
> Revenant à son bureau, il se rendit compte qu'il avait conservé les photos.

Reportez-vous au chapitre « Des structures différentes » et « Les temps », pour d'autres exemples illustrant les deux points ci-dessus.

III. L'étoffement

L'étoffement est utilisé lorsque le traducteur se voit contraint de traduire par plusieurs mots ce qui était exprimé de manière concise dans la langue de départ.

A. Étoffement du verbe

> *I agree that they didn't really give any solutions.*
> Je suis d'accord pour dire qu'ils n'ont pas vraiment proposé de solutions.

B. Étoffement du nom

> *The sight of the tsar filled the guards with awe.*
> La vue du tsar imposa aux gardiens un respect mêlé de crainte.

C. Étoffement des pronoms personnels, des démonstratifs et possessifs

1. Le pronom personnel

Bernard walked into the flat. It was dark.

L'étoffement permet de lever l'ambiguïté qu'il y aurait sur le référent de « Il » dans la traduction : « Bernard pénétra dans l'appartement. Il était sombre. » Aussi, vous préférerez :

Bernard pénétra dans l'appartement. Ce dernier / Celui-ci était sombre.

À moins que vous ne décidiez d'une transposition :

Bernard pénétra dans l'appartement, qui était sombre.

2. L'adjectif et le pronom démonstratif

You couldn't behave like that in this country.

This a besoin d'être étoffé afin d'arriver à une traduction plus naturelle :

Chez nous, un comportement pareil serait inacceptable.

— So what did you talk about? — You know, this and that...
— Alors, de quoi avez-vous parlé ? — Tu sais bien, de choses et d'autres...

3. L'adjectif possessif

Souvenez-vous d'un exemple vu au chapitre « Étude du texte à traduire » :

David and Lindsey were there. She introduced me to his brother and her sister.

À nouveau, l'étoffement du pronom va résoudre la difficulté que pose la traduction des adjectifs possessifs :

David et Lindsey étaient là. Elle m'a présenté sa sœur et le frère de David.

D. Étoffement de la préposition

1. Par un verbe

He helped Mrs Gallup with her bags.
Il aida Mme Gallup à porter ses sacs.

2. Par un participe passé

It is a small studio flat with no shower.
C'est un petit studio dépourvu de douche.

An old gentleman in an astrakhan coat was introduced to us by Mrs Glenn.
Mme Glenn nous présenta un vieux monsieur vêtu d'un manteau d'astrakhan.

3. Par un nom

You'll take the next plane to Chicago.
Vous prendrez le prochain avion à destination de Chicago.

4. Par une proposition relative

He knew the shoebox under the bed was full of banknotes.
Il savait que la boîte à chaussures qui se trouvait sous le lit était pleine de billets.

E. Étoffement de la conjonction

Inspector Dimple walked back to where the body had been found.
L'inspecteur Dimple revint à l'endroit où le corps avait été découvert.

IV. L'effacement

En traduisant de l'anglais vers le français, on constate que ce dernier laisse souvent implicite ce que le premier marque clairement : ce type d'opération se nomme « Effacement ».

A. Effacement du verbe

1. Les verbes de position

Si vous avez affaire à un verbe exprimant une attitude, vous ne le traduirez que s'il apporte une précision absolument nécessaire. Dans le cas contraire, vous opterez pour un verbe français de sens plus vague.

He walked up to me with a grin on his face.
Il s'avança vers moi en arborant un large sourire.

Par contre :

I'd rather walk, if you don't mind.
Je préférerais marcher, si tu n'y vois pas d'inconvénient.

Voyez ces autres exemples :

The pupils were standing in line.
Les élèves se tenaient en rang.

We had to stand for hours.
On devait rester debout pendant des heures.

2. Le modal *Can*

Lorsqu'il exprime une capacité et accompagne un verbe de perception, le modal *Can* n'apparaît généralement pas dans la version française. Ainsi :

She can see very well without her glasses.
Elle voit très bien sans ses lunettes.

Si vous le souhaitez, vous pouvez rendre le modal de la manière suivante :

> *I looked for Gus and Phil but I couldn't see them in the crowd.*
> J'ai cherché Gus et Phil mais je n'ai pas réussi à les voir dans la foule.

Si *Can* est utilisé pour la permission, il devra bien sûr être traduit.

> *Can I see your passport please?*
> Est-ce que je peux voir votre passeport, s'il vous plaît ?

B. Effacement des particules

De très nombreux verbes anglais se construisent avec une particule prépositionnelle ou adverbiale que le français jugera redondante et n'exprimera donc pas.

> *This box is too heavy to lift up.*

To lift, qui signifie « Soulever » est combiné ici avec *Up* qui traduit un mouvement vers le haut. La version française se contentera de rendre le verbe :

> Cette boîte est trop lourde à soulever.

Remarque : Dans d'autres cas, ce sera la particule qui sera traduite plutôt que le verbe :

> *Could you lift that box down for me, please?*
> Tu pourrais me descendre cette boîte, s'il te plaît ?

C. Effacement du pronom *It*

Il est possible de ne pas traduire le pronom *It* lorsqu'en fonction de complément il annonce un verbe ou une proposition.

> *I found it embarrassing to ask them for money.*
> Je trouvais gênant de leur demander de l'argent.

Toutefois, le français dit souvent :

> Je trouvais ça gênant de leur demander de l'argent.

Voici un dernier exemple :

> *Louise made it clear that she objected.*
> Louise a clairement fait comprendre qu'elle n'était pas d'accord.

Une autre opération fort utile est le chassé-croisé dont vous trouverez une illustration dans la partie « Le groupe verbal ; les tournures exprimant le résultat ou le mouvement ».

Chapitre 4

Le groupe verbal

I. La traduction des temps

Il ne s'agit pas ici d'énoncer en détail les règles de formation et d'emploi des formes temporelles de l'anglais — nous vous renvoyons pour cela à une grammaire, dont vous trouverez plusieurs références en fin d'ouvrage. En revanche, nous allons passer en revue les divers problèmes que vous rencontrerez dans leur traduction. Dès à présent, il est impératif de prendre bien conscience que l'anglais et le français utilisent les temps de manière souvent très différente, d'autant que l'anglais ne compte que deux temps au sens propre du terme, à savoir le présent et le prétérit. Un présent français peut donc selon les cas correspondre à un présent, sous ses deux formes, mais également à un present perfect — simple ou en *Be+ing*, voire à un prétérit. Et si vous essayez de rendre un prétérit, choisirez-vous un temps du passé — imparfait, passé composé, passé simple, plus-que-parfait — un présent ou un conditionnel ?

A. Comment traduire un présent français

1. Par un présent simple

Rappel : le présent simple s'emploie pour présenter les faits de manière objective, sans commentaire personnel : l'énonciateur s'efface. Gardez ceci à l'esprit pour expliquer son utilisation dans les exemples ci-dessous.

a. Le présent signale une vérité générale
Les kiwis vivent en Nouvelle-Zélande.
Kiwis live in New Zealand.

b. Le présent révèle une caractéristique inchangée
Elle habite à Los Angeles.
She lives in Los Angeles.

Paula chante à merveille.
Paula sings beautifully.

c. Le présent dénote une habitude
Louise se lève à 5 heures tous les matins.
Louise gets up at 5 every morning.

d. Le présent décrit une succession d'actions
Zidane passe à Lizarazu qui botte en touche. **(Commentaires journalistiques)**
Zidane passes to Lizarazu who kicks into touch.

Remarque : Voir ci-après l'utilisation du présent *Be + ING* dans le même contexte.

Margaret ouvre un tiroir et prend un châle. **(Didascalies)**
Margaret opens a drawer and takes out a shawl.

Je prends ce foulard et je le place sur le chapeau. **(Commentaires accompagnant des gestes)**
I take this scarf and I place it over the hat.

L'Américain regarde le Russe, sort son portefeuille et dit : […]. **(Histoires drôles)**
The American looks at the Russian, takes out his wallet and says, […].

e. *Le présent décrit une arrivée, un départ avec* Here *ou* There
Voilà Sandy qui arrive.
Here comes Sandy.

Le voilà qui s'en va maintenant.
There he goes now.

Et la voilà qui recommence / Et c'est reparti !
*There she goes again! (**Un présent simple est utilisé ici malgré le commentaire**)*

f. *Le présent sert à exprimer une opinion, une volonté*
J'aime bien ton accent… D'où es-tu ?
I like your accent… Where are you from?

Ils veulent s'installer en Australie.
They want to settle in Australia.

g. *Le présent est utilisé comme temps du récit (présent de narration)*
Paul entre dans le compartiment et s'assoit près de la fenêtre. Une vieille dame lève les yeux.
Paul enters the compartment and sits near the window. An old lady looks up.

Remarque : Cet emploi du présent est à éviter. Voyez le paragraphe intitulé : Par un prétérit.

h. *Le présent signale un événement futur programmé par un horaire, emploi du temps*
Le train part à 10 heures du soir.
The train leaves at 10 p. m.

i. *Le présent correspond à un passé dans les titres de journaux*
Un avion s'écrase à New Delhi.
A plane crashes in New Delhi.

2. Par un présent *Be + ING*

Rappel : Le présent *Be + ING* a une valeur subjective : l'énonciateur repère les faits et les présente à travers son regard et porte éventuellement sur eux un jugement.

a. *Le présent décrit une action vue dans son déroulement*

La ferme ! J'écoute la radio !
Shut up! I'm listening to the radio!

Remarque : Dans les commentaires journalistiques, le présent *Be + ING* est utilisé pour décrire des actions plus longues que celles décrites par le présent simple.

À présent, Andretti amorce le premier virage… Mais… Simpson accélère et le dépasse ! C'est stupéfiant !
Now Andretti is coming round the first bend—But… Simpson accelerates and overtakes him! It's amazing!

b. *Le présent renvoie à une action temporaire*

Sa mère loge chez nous. **(sous-entendu : en ce moment)**
Her mother is staying with us.

Comme le patron est en vacances, je fais ma petite sieste tous les après-midi.
The boss is on holiday so I'm having a little snooze every afternoon.

c. *Le présent indique une caractéristique, un comportement temporaires*

Allez, Dylan, dis bonjour à M. Boozle — tu es vraiment stupide !
Come on Dylan, say hello to Mr Boozle—you're being very stupid!

d. *Le présent accompagne un jugement négatif*

J'en ai marre… Ils sont toujours en train de se chamailler…
I'm fed up… They're always bickering…

e. *Le présent marque une insistance*

Non, je n'y vais pas ! Tu peux y aller, si tu veux !
No, I'm not going! You can go, if you want!

f. *Le présent indique une action future programmée à la suite d'un arrangement personnel*

Qu'est-ce que tu fais demain soir ?
What are you doing tomorrow night?

3. Par un *present perfect*

a. *Le présent indique une action commencée dans le passé et se poursuivant dans le présent*

Ils habitent ici depuis 1954 / depuis 50 ans.
They have lived here since 1954 / for 50 years.

b. *Le présent marque un bilan*

C'est la première fois que je vois ce film.
It's the first time I have seen this film.

c. *Le présent indique une continuité passé-présent : l'énonciateur commente, justifie ou exprime un avis* → *Present perfect en* Be + ING

Ça fait deux heures que tu lis ce journal. (**Commentaire : je trouve ça long**)
You've been reading that magazine for two hours.

— Tu as l'air fatigué. — Oui, ça fait 6 heures que je travaille. (**Commentaire : j'ai l'explication**)
— You look tired. — Yes, I've been working for 6 hours.

Regarde-toi ! Tu as encore mangé du chocolat...
Look at yourself! You've been eating chocolate again... (**Commentaire : « je le vois bien. » Le jugement dépend de l'intonation**)

4. Par un prétérit

Le présent est utilisé comme temps du récit (présent de narration)

Paul entre et s'assoit près de la fenêtre. Une vieille dame lève les yeux.
Paul entered the compartment and sat near the window. An old lady looked up.

5. Par un auxiliaire de modalité

a. *Le présent exprime une caractéristique habituelle* → Will
Le poisson se conserve plus longtemps au frigo.
Fish keeps longer in the fridge.

Ces choses-là arrivent, tu sais.
These things happen you know.

b. *Le présent indique une décision prise dans l'instant* → Will
— Alan, le téléphone sonne ! — D'accord, j'y vais.
— Alan, the phone's ringing! — OK, I'll get it.

c. *Le présent exprime une (in)capacité / une (im)possibilité* → Can/Can't
Elle parle / sait parler trois langues.
She can speak three languages.

Il est / il peut être / il sait être très serviable quand il le veut.
He can be very helpful when he wants to.

B. Comment traduire le passé composé

1. Par un present perfect

a. *Le passé composé marque un bilan*
J'ai vu ce film cinq fois.
I have seen this film five times.

Je ne suis jamais allée en Espagne.
I've never been to Spain.

b. Le passé composé est utilisé à la forme négative avec « Depuis »

Je n'ai pas reçu de ses nouvelles depuis trois mois.
I haven't heard from her for three months.

2. Par un prétérit simple

Le passé composé est utilisé comme temps du récit et marque une coupure avec le présent

Ils fermaient leur porte, et juste à ce moment-là, la voisine a ouvert la sienne.
They were closing their door, and just at that moment, the neighbour opened hers.

J'ai acheté cette voiture il y a deux jours.
I bought this car two days ago.

C. Comment traduire l'imparfait

1. Par un prétérit *Be + ING*

L'imparfait indique qu'une action était en train de se dérouler (en arrière-plan d'une autre)

Elle traversait la rue lorsqu'elle remarqua le camion.
She was crossing the street when she noticed the lorry.

2. Par un prétérit simple

a. L'imparfait souligne une habitude

Elle se rendait à la poste tous les jeudis.
She went to the post every Thursday.

b. L'imparfait est utilisé comme temps du récit

En Septembre 1931, les Japonais envahissaient la Mandchourie.
In September 1931, the Japanese invaded Manchuria.

c. L'imparfait est employé dans le style indirect

Elle expliqua qu'elle prenait ce bus tous les matins à la même heure.
She explained that she took this bus at the same time every morning.

d. L'imparfait est associé à une hypothèse

Et si elle elle ne venait pas ?
What if she didn't come?

3. Par un past perfect

a. L'imparfait signale une action commencée à un moment du passé et se poursuivant jusqu'à un moment ultérieur

Il habitait à Widecombe depuis une semaine lorsqu'il rencontra Helen.
He had been living at Widecombe for a week when he met Helen.

b. *L'imparfait marque un bilan passé par rapport à une période antérieure*

C'était la première fois que je quittais mes parents.
It was the first time that I had left my parents.

4. Par *Shall*

L'imparfait souligne une demande / une suggestion.

Et si on parlait d'autre chose ?
Shall we talk about something else?

Et si on allait à la patinoire ?
Shall we go ice-skating?

5. Par *Would / Used to*

a. *L'imparfait signale une habitude caractéristique → Would*

Elle passait des heures devant sa télévision.
She would spend hours in front of her television.

b. *L'imparfait marque un contraste entre une situation passée et présente → Used to*

Autrefois, je courais le cent mètres en 10 secondes.
I used to run the 100 metres in 10 seconds.

6. Par *Would have* + **Participe passé**

L'imparfait exprime un fait hypothétique (Correspond à un conditionnel passé)

Sans vos conseils, je perdais toute ma fortune.
I would have lost all my fortune but for your advice.

7. Par un participe présent

L'imparfait est employé dans une relative

Il aperçut un soldat allemand qui rampait sous la clôture de barbelés.
He saw a German soldier crawling under the barbed wire fence.

D. Comment traduire le plus-que-parfait

1. Par un past perfect

a. *Le plus-que-parfait marque l'antériorité d'un moment du passé par rapport à un autre*

Quand je suis arrivée, ils avaient déjà appelé la police.
When I arrived, the police had already been called.

b. *Le plus-que-parfait indique une action commencée à un moment du passé et se poursuivant jusqu'à un moment ultérieur*

Elle ne l'avait pas revu depuis leur enfance.
She hadn't seen him again since their childhood.

c. Le plus-que-parfait est utilisé dans le discours indirect

Elle jura qu'elle n'avait pas volé l'argent.
She swore that she had not stolen the money.

d. Le plus-que-parfait exprime une hypothèse

Et si tu avais écrasé quelqu'un ?
What if you had run over someone?

2. Par un prétérit

Le plus-que-parfait souligne une rupture avec le présent

Tu vois, maintenant il est cassé. Je t'avais dit que tu le casserais…
You see, now it's broken. I told you you would break it…

E. Comment traduire le futur

1. Par *Will*

a. Le futur indique une simple prédiction

« La Princesse se piquera le doigt à un fuseau, mais elle ne mourra pas », dit la fée.
'The Princess will prick her finger on a spindle, but she will not die', said the fairy.

b. Le futur marque une décision prise sur l'instant

D'accord, j'irai demain. Je te promets.
OK, I'll go tomorrow. I promise.

Remarque : Une décision prise avant d'être annoncée se rendra par *Be+ING* ou *Be going to* :

Ex. *Are you going to Peter's party / Are you going to go to Peter's party ?*

2. Par *Will be + ING*

a. Le futur renvoie à une action qui sera en train de se dérouler à un certain moment du futur

Demain, à cette heure, je prendrai le thé avec Mary.
This time tomorrow, I'll be having tea with Mary.

b. Le futur annonce une action déjà décidée

Je ne peux pas parce que demain je déjeunerai avec Thomas.
I can't because tomorrow I'll be having lunch with Thomas.

3. Par *Shall*

Le futur exprime une certitude future, parfois menaçante

Ne t'inquiète pas, je te conduirai à la gare.
Don't worry, I shall drive you to the station.

« La Princesse se piquera le doigt à un fuseau et elle mourra », dit la sorcière.
'The Princess shall prick her finger on a spindle and she shall die', said the witch.

F. Comment traduire le futur antérieur

1. Par *Will have* + Participe passé

*a. Le futur antérieur souligne une antériorité par rapport
à un moment futur*

Le temps que j'arrive là-bas, ils seront partis de toute façon.
By the time I get there, they will have left anyway.

b. Le futur antérieur exprime une éventualité ou une probabilité

Il est en retard : il aura manqué son train.
He's late—he will have misssed his train. **(Voir ci-dessous pour une
traduction plus courante)**

2. Par *May have* ou *Must have* + Participe passé

a. Le futur antérieur marque une éventualité (= peut-être)

Il est en retard : il aura manqué son train.
He's late—he may have missed his train.

b. Le futur antérieur marque une probabilité (= probablement)

Il est en retard : il aura manqué son train.
He's late—he must have missed his train.

3. Par un present perfect

Le futur antérieur est utilisé dans une circonstancielle de temps pour souligner
l'antériorité

Je te le donnerai quand je l'aurai fini.
I'll give it to you when I have finished with it.

G. Comment traduire le conditionnel

1. Par *Would*

a. Le conditionnel exprime une condition

Si je gagnais au loto, je m'achèterais une Ferrari.
If I won the lottery, I would buy a Ferrari.

b. Le conditionnel est employé dans le discours indirect

Elle a promis qu'elle m'enverrait une carte.
She promised she would send me a card.

2. Par un prétérit ou un past perfect

a. Conditionnel présent → prétérit

Elle a promis qu'elle appellerait dès qu'elle arriverait.
She promised she would call when she arrived

b. Conditionnel passé → past perfect

Elle a promis qu'elle appellerait dès qu'elle serait arrivée.
She promised she would call as soon as she had arrived.

3. Par *To be said to* (*to be said to have*) / *To be alleged to* (*to be alleged to have*) / *To claim* (*to claim to have*)

Il serait un espion travaillant pour les Irakiens. (= **on dit de lui**)
*He is said to be / He is alleged to be (**plus soutenu**) a spy working for the Irakians*
It is said that he is a spy working for the Irakians.

Il aurait soudoyé des témoins. (= **on dit de lui**)
*He is said to have / He is alleged to have (**plus soutenu**) bribed witnesses.*
It is said that he bribed witnesses.

Il serait un ami proche d'Elton John. (= **il dit de lui-même**)
He claims to be a close friend of Elton John.

Il aurait trouvé cet argent sur le trottoir. (= **il prétend**)
He claims to have found the money on the pavement.

H. Comment traduire le subjonctif

1. Par le subjonctif

a. Le subjonctif souligne une demande, une suggestion, une nécessité

Nous insistons pour que / Il est important que chacun de nos élèves ait les mêmes chances.
We insist / It is important that each of our pupils be offered the same opportunities.

b. Le subjonctif apparaît dans certaines expressions figées traduisant le souhait

Advienne que pourra.
Come what may.

Vive la Reine !
Long live the Queen!

Dieu m'en préserve !
God forbid!

2. Par *Should* (usage désuet)

a. Le subjonctif exprime une opinion, une demande

Nous insistons pour que / Il est important que chacun de nos élèves ait les mêmes chances.
We insist / It is important that each of our pupils should have the same opportunities.

Elle ne lui demande rien de peur que ça ne le mette en colère.
She doesn't ask him for anything for fear it should make him angry.

b. Le subjonctif signale une éventualité

Prenez un parapluie au cas où il pleuve.
Take an umbrella in case it should rain.

3. Par l'indicatif ou des tournures plus courantes

Il est important que chacun de nos élèves ait les mêmes chances.
It is important for each of our pupils to have the same opportunities.

Elle ne lui demande rien de peur que ça ne le mette en colère.
She doesn't ask him anything for fear it will make him angry.

Je ne pense pas qu'elle soit méchante.
I don't think she is mean.

Remarque : voyez également *To wish* p. 63-65.

I. Comment traduire le présent anglais

1. Par un futur

Le présent est utilisé après une conjonction de temps pour parler d'un fait à venir.

What do you want to do when you grow up?
Qu'est-ce que tu veux faire quand tu seras grande ?

2. Par un subjonctif

I don't think she really understands the situation.
Je ne pense pas qu'elle comprenne réellement la situation.

J. Comment traduire le prétérit

1. Par le passé simple

Le prétérit est utilisé à l'écrit comme temps du récit

He walked out of the pub, lit his pipe then hailed a taxi.
Il sortit du pub, alluma sa pipe puis héla un taxi.

2. Par le passé composé

Le prétérit est employé à l'oral ou à l'écrit comme temps du récit

He walked out of the pub, lit his pipe, then hailed a taxi.
Il est sorti du pub, a allumé sa pipe, puis a hélé un taxi.

3. Par l'imparfait

a. Le prétérit évoque une habitude
He walked out of the pub, lit his pipe, then hailed a taxi.
Il sortait du pub, allumait sa pipe, puis hélait un taxi.

b. Le prétérit marque une hypothèse ou un souhait
If she knew that, she would hit the roof.
Si elle savait ça, elle piquerait une crise.

If only I had more money...
Si seulement j'avais plus d'argent...

c. Le prétérit est utilisé dans le discours indirect
She explained she lived at Milton Keynes.
Elle expliqua qu'elle habitait à Milton Keynes.

d. Le prétérit est employé avec un verbe d'état
It was just a few minutes after 10.
Il était tout juste 10 heures passées de quelques minutes.

4. Par un présent

Le prétérit est utilisé comme temps du récit

He walked out of the pub, lit his pipe, then hailed a taxi.
Il sort du pub, allume sa pipe, puis hèle un taxi.

5. Par un plus-que-parfait

Le prétérit est employé alors qu'il y a antériorité

He said he last saw her alive in June 1999.
Il dit qu'il l'avait vue en vie pour la dernière fois en juin 1999.

6. Par un passé antérieur

Le prétérit utilisé dans une circonstancielle souligne une action achevée antérieurement à une autre

Soon after he left the pub, the bomb blew up.
Peu après qu'il eut quitté le pub, la bombe explosa.

7. Par un conditionnel présent

a. Le prétérit apparaît au discours indirect dans une circonstancielle de temps
She promised she would send me a card as soon as she arrived.
Elle promit qu'elle m'enverrait une carte dès qu'elle arriverait.

b. Le prétérit a une valeur hypothétique dans un contexte passé
She brought a map in case they got lost.
Elle apporta une carte au cas où ils se perdraient.

8. Par un subjonctif

a. Le prétérit a une valeur hypothétique après des verbes tels que Suppose/Imagine
Suppose/Imagine you were immensely rich...
Suppose/Imagine que tu sois immensément riche...

b. Le prétérit sert à exprimer le souhait ou la préférence
I wish / I'd rather / It's time you stopped treating her like a child.
J'aimerais / Je préférerais / Il est temps que tu arrêtes de la traiter comme une enfant.

c. Le prétérit se trouve après une conjonction suivie en français du subjonctif : Before, Until...

They questionned him until he broke down.
Ils l'interrogèrent jusqu'à ce qu'il craque.

K. Comment traduire le present perfect

1. Par un passé composé

a. Le present perfect signale un bilan par rapport au passé

Gosh, I've forgotten my wallet!
Mince alors, j'ai oublié mon portefeuille !

b. Le present perfect est utilisé à la forme négative avec For *ou* Since

These children haven't eaten anything for two days.
Ces enfants n'ont rien mangé depuis deux jours.

c. Le present perfect désigne une période de temps non terminée :
Today / This month *etc.*

They have played tennis three times this week.
Ils ont joué trois fois au tennis cette semaine.

2. Par un présent

a. Le present perfect souligne une action commencée dans le passé et se poursuivant dans le présent

It has been raining for two days.
Il pleut depuis deux jours / Ça fait deux jours qu'il pleut.

b. Le present perfect marque un bilan dans l'expression
It's the first/second *etc* time

It's the first time I've heard such nonsense.
C'est la première fois que j'entends de telles bêtises.

3. Par un futur antérieur

Le present perfect apparaît dans une subordonnée de temps

I'll bring it back to you when I have read it.
Je te le rapporterai quand je l'aurai lu.

L. Comment traduire le past perfect

1. Par un plus-que-parfait

a. Le past perfect marque l'antériorité d'un moment du passé par rapport à un autre

When I got back home, they had already called the doctor.
Quand je suis rentré à la maison, ils avaient déjà appelé le médecin.

> b. Le past perfect à la forme négative marque une période de temps jusqu'à un certain point du passé

When they received that letter, they hadn't heard from her for five years.
Quand ils reçurent cette lettre, ils n'avaient pas eu de ses nouvelles depuis cinq ans.

2. Par un imparfait

> a. Le past perfect renvoie à une période de temps jusqu'à un certain point du passé

When he was fired, he had been with the firm for ten years.
Quand il fut mis à la porte, cela faisait cinq ans qu'il était dans l'entreprise.

> b. Le past perfect marque un bilan passé par rapport à un moment antérieur

It was the first time that I had been to New York.
C'était la première fois que je me rendais à New York.

3. Par un passé antérieur

Le past perfect est utilisé dans une circonstancielle pour marquer l'antériorité.

> After she had left, he ran to their bedroom.
> Après qu'elle fut partie, il se précipita dans leur chambre.

4. Par un subjonctif

Le past perfect sert à exprimer le regret

> I wish / I'd rather you had told me before.
> J'aurais aimé / J'aurais préféré que tu me le dises avant.

5. Par un conditionnel passé

Le past perfect apparaît au discours indirect dans une circonstancielle de temps.

> She promised she'd send me a card as soon as she had arrived.
> Elle promit qu'elle m'enverrait une carte dès qu'elle serait arrivée.

M. La simplification des temps en traduction

Quand le français souligne systématiquement l'antériorité, le futur ou le conditionnel grâce au temps et aux modes des verbes, l'anglais, lui, optera fréquemment pour un marquage moins appuyé. De même, une forme composée sera réduite à une forme simple.

1. L'antériorité n'est pas marquée temporellement (par un past perfect)

> a. L'antériorité a déjà été soulignée temporellement

Si vous signalez l'antériorité d'une action une première fois dans une phrase, vous n'aurez pas besoin de la marquer dans la phrase qui suit. Voyez l'exemple ci-après :

Je lui avais laissé un mot parce que je m'étais dit qu'elle attendrait des excuses de ma part.
I had left her a note because I thought that she would expect me to apologize.

b. L'antériorité est marquée autrement
▶ *Par une date*

La date exacte n'est pas nécessairement précisée.

Elle expliqua qu'ils s'étaient rencontrés (en 1991) pendant son service militaire.
She explained that they met (in 1991) during his military service.

▶ *Par une préposition ou une conjonction de temps*

– Avec un verbe conjugué

Peu de temps après qu'ils eurent décollé, deux pirates de l'air prirent les commandes de l'appareil.
Shortly after they took off, two hijackers took over the controls of the aircraft.

– Avec un gérondif

Après avoir fini son deuxième roman, Ashton rentra au Canada.
After completing his second novel, Ashton flew back to Canada.

Remarque : Vous noterez que l'anglais choisit généralement une forme simple en lieu et place de la construction : *Having* + Participe passé (*After having completed…*).

c. L'antériorité est évidente
Il jura qu'il buterait le type qui l'avait donné.
He swore he would bump off the kloke who gave him up.

C'était évident qu'il essayerait — je te l'avais dit…
It was obvious he was going to try—I told you so…

d. Il n'y a pas antériorité par rapport à une action passée
Il avait à nouveau perdu son salaire aux cartes : elle avait alors décidé de le quitter pour de bon.

Ici, « Elle avait décidé » n'est pas antérieur à « Il avait perdu » et le past perfect n'est donc pas de mise, ce qui nous donne :

He had gambled away his wages again so she decided to leave him for good.

En français, le plus-que-parfait est également utilisé pour indiquer l'antériorité par rapport à un moment présent, comme dans la phrase :

Bonsoir. J'avais commandé une pizza. Est-ce qu'elle est prête ?

Mais en anglais, un past perfect serait ici encore incorrect, ce qui nous donne :

Good evening. I ordered a pizza. Is it ready yet?

2. Le futur n'est pas marqué (par *Will*)

L'anglais se contentera d'un présent dans une subordonnée si :

a. Le verbe de la principale est déjà au futur

▶ *Subordonnées de temps*

En français, vous trouverez des subordonnées de temps utilisant un futur simple ou un futur antérieur, que l'anglais rendra respectivement par un présent simple ou un present perfect.

> Je te passerai un coup de fil dès qu'elle sera ici.
> *I'll give you a ring as soon as she's here.*

> Je te le rendrai dès que je l'aurai retrouvé.
> *I'll give it back to you as soon as I've found it.*

Remarque : Vous pourrez utiliser un futur dans les questions directes ou indirectes ainsi que dans les relatives. Une bonne grammaire française vous précisera les différences qui existent entre ces divers types de propositions et vous trouverez de plus amples explications dans une grammaire anglaise.

▶ *Autres propositions*

Voyez la phrase :

> Le premier homme qui posera le pied sur Mars deviendra un héros.
> *The first man who sets foot on Mars will become a hero.*

b. Le verbe de la principale est To bet / To hope / I don't care / I don't mind / It doesn't matter

> J'espère que tu t'amuseras bien.
> *I hope you have a good time.*

> Je me fiche vraiment de savoir si elle obtiendra ou pas son permis.
> *I really don't care whether she gets her driving licence or not.*

3. Le conditionnel n'est pas marqué (par *Would*)

Le verbe de la principale est déjà au conditionnel

a. Subordonnées de temps au discours indirect

Au conditionnel présent et passé du français, correspondront le prétérit et le past perfect.

> Il promit qu'il me préviendrait dès qu'il aurait une réponse.
> *He promised he would tell me as soon as he had an answer.*

> Il promit qu'il me préviendrait dès qu'il aurait fini.
> *He promised he would tell me as soon as he had finished.*

b. Autres propositions

> Elle serait prête à consacrer sa vie à tous les enfants qui auraient besoin de son aide.
> *She would be willing to devote her life to all the children who needed help.*

Il ne trahirait jamais quelqu'un qui lui ferait confiance.
He would never betray anybody who trusted him.

4. Réduction des formes verbales composées

Nous venons de voir que cette simplification s'applique au gérondif. Il en est de même pour des formes conjuguées.

a. Present perfect

Depuis ces dix dernières années, j'ai dépensé plus d'argent qu'il n'était nécessaire.
Over the last ten years, I have spent more money than I (have) needed to.

b. Past perfect

Depuis les dix dernières années, j'avais dépensé plus d'argent qu'il n'était nécessaire.
Over the last ten years, I had spent more money than I (had) needed to.

II. La traduction des auxiliaires de modalité

Comme nous l'avons fait pour les temps, nous n'entrerons pas dans le détail des règles qui président à l'emploi des modaux, mais nous irons au-delà du sens le plus évident pour aborder les pièges de traduction qu'ils recèlent.

A. *Can*

1. Traduit par le verbe « Savoir »

Can she drive?
Est-ce qu'elle sait conduire ?

2. Ne se traduit généralement pas avec un verbe de perception ou le verbe *To Remember*

Can you see the ship over there?
Est-ce que tu vois le bateau là-bas ?

Remarque : *Can* s'utilise avec *To See* ou *To Hear* pour souligner l'idée de « réussir à percevoir » quelque chose :

Je suis myope : je ne vois rien sans mes lunettes.
I'm shortsighted, so I can't see anything without my glasses.

Mais :

On a vu tous les lieux touristiques du coin.
We saw all the sights of the area.

Lorsque la perception est soudaine, *Can* ne s'emploie pas.

Il entra dans la chambre et vit le revolver sur le lit.
He went into the bedroom and saw the gun on the bed.

B. *Can't*

Traduit par le verbe « Devoir » exprimant la probabilité

> *It can't be very difficult.*
> Ça ne doit pas être très difficile.

C. *Could*

1. Traduit par un temps du passé

She couldn't run fast enough.
Elle ne pouvait pas / n'a pas pu courir assez vite.

2. Traduit par un conditionnel présent

She couldn't run fast enough.
Elle ne pourrait pas courir assez vite.

Remarque : le choix entre un temps du passé ou le conditionnel pour traduire *Could* dépendra bien sûr du contexte.

3. Traduit par savoir

I couldn't swim.
Je ne savais pas nager.

4. Ne se traduit pas

Sometimes, I could kick myself!
Parfois, je me donnerais des gifles !

D. *Must*

Traduit par un imparfait dans le style indirect

> *She told me that I must keep quiet.*
> Elle me dit que je devais me taire / qu'il fallait que je me taise.

E. *May/Might*

Traduit par un subjonctif

> *The poor parents were afraid that their child might die.*
> Les pauvres parents craignaient que leur enfant ne meure.

F. *Shall*

1. Traduit par un futur (anglais désuet)

We shall be home at about 5.
Nous serons à la maison à 5 heures.

2. Traduit par « Dois-je / Voulez-vous que ? »

Shall I close the window?
Voulez-vous que je ferme la fenêtre ?

3. **Traduit par un futur ou « Je veux / J'exige / Je te promets que / J'interdis que »** (anglais soutenu)

He shall pay for that!
Il le paiera !

You shan't tell her anything.
Je t'interdis de lui dire quoi que soit / Tu ne lui diras rien.

4. **Traduit par un imparfait**

Shall we go to the cinema?
Et si on allait au cinéma ?

G. *Should*

1. Traduit par un conditionnel

a. Should *correspond à* Would *à la première personne du singulier et du pluriel (usage désuet — sauf indication contraire)*
I should like to go to Spain this Summer.
J'aimerais aller en Espagne cet été.

I should go to the doctor's if I were you. (**Conseil**)
J'irais voir le docteur si j'étais vous.

I should have thought she was older than that.
J'aurais pensé qu'elle était plus âgée que ça.

I should think she is around 45. (**Usage courant**)
Je dirais qu'elle a dans les 45 ans.

b. Should *marque l'obligation (dans une question)*
Why should I go if I want to stay?
Pourquoi est-ce que je partirais (est-ce que je devrais partir) si j'ai envie de rester ?

How should I know?
Comment est-ce que je le saurais ?

c. Should *indique une éventualité*
Take an umbrella in case it should rain.
Prenez un parapluie au cas où il pleuvrait.

She took an umbrella in case it should rain. (**Usage courant**)
Elle prit un parapluie au cas où il pleuvrait.

2. Traduit par des expressions marquant l'assentiment

Should est employé dans l'expression *I should think so / so too / not!*

— *She behaved stupidly. — I should think so!*
— Elle a eu un comportement imbécile. — Ça, on peut le dire !

— *You're not going to accept her invitation, are you? — I should think not!*
— Tu ne vas pas accepter son invitation, n'est-ce pas ? — Bien sûr que non !

— I sent her a card for her birthday. — I should think so too!
— Je lui ai envoyé une carte pour son anniversaire. — J'espère bien !

3. Traduit par un imparfait

Should souligne une éventualité (usage désuet)

I don't think she will be there, but if she should, could you please tell her to phone me tomorrow morning?
Je ne pense pas qu'elle sera là, mais si elle l'était, pourriez-vous, s'il vous plaît, lui dire de me passer un coup de téléphone demain matin ?

If anyone should phone, tell them I'm at the meeting.
Si quelqu'un téléphonait, dites-lui que je suis en réunion.

Should you forget your key, I have got a spare one.
Si vous oubliiez (deviez oublier) votre clef, j'en ai une de rechange.

4. Par un subjonctif

   a. Should *signale une éventualité par rapport au présent (usage désuet)*

Take your umbrella in case it should rain.
Prenez votre parapluie au cas où il pleuve.

   b. Should *marque une éventualité dans le passé*
She took an umbrella in case it should rain.
Elle prit un parapluie au cas où il pleuvrait.

   c. Should *est employé avec un verbe exprimant un ordre, une proposition (usage désuet)*
They demanded that we should inform the police.
Ils exigèrent que nous informions la police.

She recommended that we should inform the police.
Elle recommanda que nous informions la police.

   d. Should *est utilisé avec des adjectifs indiquant une opinion dans la tournure :* It is *+ adjectif*
It is necessary / surprising that the authorities should be informed.
Il est nécessaire / surprenant que les autorités soient informées.

   e. Should *apparaît dans l'expression* For fear that
They wouldn't let their children play outside for fear that they should get run over.
Ils ne voulaient pas laisser leurs enfants jouer dehors de peur qu'ils ne se fassent écraser.

   f. Should *est employé avec la tournure* So that *exprimant le but*
He filled up so that they shouldn't run out of petrol.
Il fit le plein de façon à ce qu'ils ne tombent pas en panne sèche.

Remarque : Si le sujet est identique dans les deux parties de la phrase, *Should* se traduit par un infinitif :

> *He filled up so that he shouldn't run out of petrol.*
> Il fit le plein de façon à ne pas tomber en panne sèche.

5. Traduit par « Devine(z) qui / ce qui etc. »

Should est employé avec *Who/What* et indique la surprise

> *I was just leaving school when who should I see but our former head.*
> Je quittais l'école quand, devinez qui j'ai vu : notre ancien directeur.

> *I was at the crossroads when what should happen but the car stalled.*
> J'étais au croisement quand, devinez ce qui est arrivé : la voiture a calé.

6. Traduit par une expression marquant le désaccord et l'ironie (style familier)

Should est employé par antiphrase pour exprimer le contraire de ce que le locuteur pense

> *He should ask me to lend him some money! He's richer than me!*
> Je voudrais bien le voir me demander de lui prêter de l'argent ! Il est plus riche que moi !

> *She should complain—it's her fault that she flunked her exam.*
> Elle a bien besoin/raison de se plaindre / je voudrais bien la voir se plaindre : c'est sa faute si elle a loupé son examen.

H. *Will*

1. Traduit par le verbe « Devoir » exprimant la probabilité

Somebody's at the door—that will be the postman.
Il y a quelqu'un à la porte : ça doit être le facteur.

2. Traduit par vouloir

Will you buy some bread on your way home from work?
Tu veux bien acheter du pain en rentrant du travail ?

That blasted window won't open.
Cette fichue fenêtre ne veut pas s'ouvrir.

3. Traduit par un présent

> *a. Will marque une décision prise sur l'instant*
> — *The phone's ringing, John.* — *Don't move, I'll get it!*
> — Le téléphone sonne, John. — Ne bouge pas, j'y vais !

> *b. Will souligne une caractéristique / une habitude*
> *They will spend hours lying on the beach.*
> Ils passent des heures allongés sur la plage.

4. Traduit par le verbe « Falloir » exprimant une habitude caractéristique ainsi que l'agacement (À l'oral, *Will* est accentué)

He will phone in the middle of the night.
Il faut toujours qu'il appelle au beau milieu de la nuit.

I. *Would*

1. Traduit par le verbe vouloir (ou un verbe équivalent)

a. Would *marque une volonté dans le passé*
They couldn't find a doctor who would visit them in the middle of the night.
Ils n'ont pas pu / ne pouvaient pas trouver un médecin qui voulait bien / était prêt à venir chez eux au beau milieu de la nuit.

He wouldn't tell the police where the body was.
Il n'a pas voulu dire à la police où se trouvait le corps.

b. Would *exprime une demande polie*
Would you please shut the door?
Vous voudriez bien fermer la porte, s'il vous plaît ?

[Autre traduction possible : Pourriez-vous…]

c. Would *est utilisé avec* I wish
I wish she would at least give me an answer.
Si seulement elle voulait au moins me donner une réponse.

[Autre traduction possible : J'aimerais qu'elle me donne…]

d. Would *est employé avec Rather*
I'd rather stay here if you don't mind.
Je voudrais plutôt / J'aimerais mieux / Je préférerais rester ici, si ça ne vous dérange pas.

I'd rather you stayed here.
Je préférerais que tu restes ici.

I'd rather you hadn't told her.
J'aurais préféré que tu ne lui dises pas.

e. Would *exprime le souhait (anglais soutenu)*
Would (to God) that she were reunited with her family!
Plût au ciel qu'elle et sa famille soient réunies !

2. Traduit par un imparfait

Would souligne une habitude dans le passé

Every night she would sing us to sleep.
Chaque soir, elle nous chantait une berceuse.

3. Traduit par une expression telle que « Ça ne m'étonne pas » ou « Il a fallu que »

Would souligne une habitude caractéristique et l'agacement (À l'oral, il est accentué)

> — *She phoned to say she couldn't help us. — She would!*
> — Elle a appelé pour dire qu'elle ne pouvait pas nous aider. — Ça ne m'étonne pas d'elle / Pas étonnant de sa part !

> *The bloody car would break down on the way to the clinic!*
> Il a fallu que cette foutue voiture tombe en panne en allant à la clinique !

4. Traduit par le verbe « Devoir » exprimant la probabilité

Would indique une supposition

> — *Somebody's knocking at the door. — That would be the neighbour.*
> — Quelqu'un frappe à la porte. — Ça doit être la voisine.

> *That would have been in 1985 or 1986.*
> Ça devait être en 1985 ou 1986.

> *They wouldn't have understood what I meant.*
> Ils n'ont pas dû comprendre ce que je voulais dire.

III. Le passif

A. Quand utiliser le passif anglais en traduction

Dès l'abord, il convient de prendre conscience que la voix passive n'est pas une simple image inversée de la forme active — ce que peuvent laisser croire tous les exercices où l'on vous demande de transformer une phrase active en phrase passive. En fait, le passif permet au locuteur de décrire une action sous un angle différent en mettant au premier plan non l'agent de cette action mais son objet. Regardons les exemples suivants :

> *The lion ate the antelope*
> et
> *The antelope was eaten by the lion.*

On comprend que dans la première phrase, l'action s'oriente par rapport à l'agent — en l'occurrence le chasseur, alors que dans la seconde, c'est l'objet et victime de l'action qui est mis en relief. Il découle de ceci que le passif anglais sera fréquemment utilisé :

1. Lorsque l'agent de l'action n'est pas précisé

a. L'agent de l'action est inconnu

« Manifestement, on l'a empoisonné, » déclara l'inspecteur Wilson d'un air sentencieux.
'Obviously, he was poisoned,' Inspector Wilson declared sententiously.

L'agent et meurtrier, encore mystérieux, n'a pas lieu d'être mentionné.

b. L'agent est connu, mais son identité importe peu

On nous a insultés et injuriés !
We were insulted and abused!

Le locuteur met ici en avant les victimes plutôt que les coupables.

c. L'agent est connu, et son identité est évidente

On a arrêté les deux cambrioleurs.
The two burglars have been arrested.

L'agent, non mentionné, est sans nul doute la police.

2. Lorsque l'agent n'est pas un élément animé

Rappel : Un élément n'est pas animé lorsqu'il est incapable de volonté, de désir ou de sensibilité.

L'anglais répugne généralement à placer un inanimé en fonction de sujet, contrairement au français. Vous utiliserez donc le passif pour donner à la phrase anglaise un sujet animé.

L'émotion s'empara d'elle.
She was overcome by emotion.

Dans l'exemple ci-dessus, la voix passive a permis de passer d'un sujet inanimé (*émotion*) à un sujet animé (*she*).

Cette façon qu'a Paul de commander tout le monde les agace particulièrement.
They are particularly annoyed by Paul ordering people around.

B. Comment traduire le passif anglais

1. Par une tournure passive

Reprenons notre premier exemple :

'Obviously he was poisoned,' Inspector Wilson declared sententiously.

Une traduction passive est tout à fait possible et sans doute plus appropriée car elle respecte la stratégie de l'anglais.

« Manifestement, il a été empoisonné, » déclara l'inspecteur Wilson d'un air sentencieux.

Il faut toutefois éviter toute traduction littérale maladroite, voire les barbarismes. Voyez l'exemple :

A new handbag was given to her for her birthday.

Vous traduirez peut-être par : « Un nouveau sac à main lui a été offert pour son anniversaire ».

Si cette phrase ne présente aucune erreur lexicale ni atteinte à la syntaxe, elle n'en demeure pas moins assez peu naturelle. Aussi lui préférerez-vous :

On lui a offert un nouveau sac à main pour son anniversaire.

Ou bien, si le « on » vous semble prêter à confusion :

> Elle a reçu un nouveau sac à main en cadeau d'anniversaire / pour son anniversaire.

> *The older students were taught by Mr Jenkins.*

Ne traduisez surtout pas par : « Les élèves plus âgés étaient enseignés par M. Jenkins. »

« Enseigner quelqu'un » n'est pas correct en français et sa mise au passif est impossible. Fuyez donc le mot à mot pour :

> Les élèves plus âgés avaient pour professeur M. Jenkins.

En tout état de cause, ne vous précipitez pas sur une traduction littérale utilisant le passif mais réfléchissez à d'autres solutions plus élégantes.

2. Par un actif

a. L'agent est mentionné → Prendre le complément d'agent comme sujet du verbe à l'actif

He was asked by his neighbours to turn down the music.
Ses voisins **(complément d'agent devenu sujet)** lui demandèrent de baisser la musique.

b. L'agent n'est pas mentionné → Prendre « On » comme sujet du verbe actif

Cette solution apparaîtra souvent comme la plus naturelle.

> *These poor children must be taken care of.*
> Il faut que l'on s'occupe de ces pauvres enfants.

> *I was told that she was going to get married next month.*
> On m'a dit qu'elle allait se marier le mois prochain.

Remarque : Notez la tournure suivante avec *To be* + infinitif passé :

> *The child was nowhere to be found.*
> On ne put trouver l'enfant nulle part.

c. L'agent n'est pas mentionné → Prendre comme sujets « Quelqu'un / Les gens / Personne »

The house has not been lived in for years.
Personne n'a habité la/cette maison depuis des années.

Une traduction par un passif est également possible :

> La maison n'a pas été habitée depuis des années.

> *She was often laughed at.*
> Les gens se moquaient souvent d'elle.

3. Par un verbe pronominal

Jason, you know it is not done to talk with your mouth full!
Jason, tu sais que ça ne se fait pas de parler la bouche pleine !

Remarque : Voyez cette autre traduction du passif à l'aide d'un pronominal :

> *The parents were denied access to the school.*
> Les parents se virent refuser l'accès à l'école.

4. Par une tournure impersonnelle

> *It remains to be seen what will happen now.*
> Il reste à voir ce qui va se passer à présent.

> *How much time is left before the rocket lifts off?*
> Combien de temps reste-t-il avant que la fusée ne décolle ?

C. Cas particuliers de traduction du passif

1. Les verbes servant à exprimer une opinion

Ces verbes se rencontrent souvent au passif : *To think / To believe / To suppose / To expect / To know / To consider / To say / To tell / To advise / To forbid.*

> On dit qu'il travaille pour les Russes.
> *He is said to work for the Russians.*
> On dit qu'il a travaillé pour les Russes.
> *He is said to have worked for the Russians.*

> On pense qu'elle se cache dans un hôtel de Londres.
> *She is thought to be hiding in a London hotel.*

> On sait qu'il est avare / Il est connu pour être avare.
> *He is known to be a miser.*

Remarque : Le sujet peut également être *It.*

> On dit que c'est un espion.
> *It is thought that he is a spy.*
> On dit qu'il a été espion.
> *It is said that he was a spy.*

Attention ! Ne confondez pas les deux traductions possibles du verbe « dire » : *To be said to / to be told to.*

> *He is said to be nice. (= **Dire quelque chose** de **quelqu'un**)*
> On dit de lui qu'il est gentil.
> *He was told to be nice. (= **Dire quelque chose** à **quelqu'un**)*
> On lui a dit d'être gentil.

2. Les verbes intransitifs

Certains de ces verbes peuvent se mettre à la voix passive.

> Personne n'a jamais habité ce manoir.
> *That mansion has never been lived in.*

> « On s'est assis sur ma chaise, » dit Boucles d'Or.
> *'My chair has been sat in', said Goldilocks.*

3. Les verbes prépositionnels

Veillez surtout à ne pas oublier la préposition dans la phrase passive anglaise.

> On se moquait souvent d'elle.
> *She was often laughed at. (→* **to laugh** at **someone)**

> On l'a opérée hier matin.
> *She was operated on yesterday morning. (→* **to operate** on **someone)**

4. Les verbes à double complément

À l'actif, certains verbes ont deux compléments :

1. Un complément d'attribution
2. Un complément d'objet direct

> Ils lui *(compl. d'attribution)* ont offert une nouvelle télévision *(compl. d'objet)*.

Les verbes anglais à double complément les plus courants sont : *To give / To lend / To offer / To show / To tell / To ask / To teach / To send.*

Au passif, ces verbes ont donc deux constructions possibles :

1. Le sujet est le complément d'attribution de l'actif
2. Le sujet est le complément d'objet direct de l'actif

> *1. She was given a new television.*
> *2. A new television was given to her.*

La première structure est celle à privilégier.

> On nous montrera le nouvel aéroport.
> *We will be shown the new airport,* **plutôt que :**
> *The new airport will be shown to us.*

> On lui a envoyé un colis piégé.
> *He was sent a parcel bomb.,* **plutôt que :**
> *A parcel bomb was sent to him.*

5. Les verbes qui se construisent avec *To* + base verbale au passif

> *a. Verbes de perception (To see / To hear)*

> On l'a vu entrer dans le bâtiment.
> *He was seen to enter the building.* **(He was seen entering the building est également possible)**

> *b. Verbe To make (Dans le sens de « faire faire quelque chose à quelqu'un »)*

> On m'a fait ouvrir ma valise.
> *I was made to open my suitcase.*

6. Les verbes actifs en français traduits par un passif

Après l'incendie, il ne leur restait plus rien.
After the fire, they were left with nothing.

Ça reste à voir…
That remains to be seen…

Andrew est tombé malade pendant les vacances.
Andrew was taken (fell est également possible) ill while on holiday.

7. Les verbes français à sens passif traduits par un actif

En français, la forme pronominale a souvent un sens passif.

Son dernier livre se vend très bien.
Her latest book is selling very well.

Est-ce que ce tissu se lave facilement ?
Does this fabric wash easily?

8. Les verbes français suivis d'un passif traduit par un gérondif *(To need / To want / To require)*

Ta chemise a besoin d'être lavée, non ?
Your shirt needs washing, doesn't it?

La toiture de la grange a besoin d'être refaite.
The barn wants roofing.

9. Le verbe au passif dans les titres de presse traduit par un participe passé

Les titres de journaux pratiquent l'ellision de l'auxiliaire être, comme dans l'exemple ci-dessous.

La capitale a été touchée par l'ouragan.
Capital hit by hurricane.

10. Les tournures à infinitif actif traduites par un passif

Voici une liste de tous les anciens élèves à contacter.
Here is a list of all the alumni to be contacted.

(*Here is a list of all the alumni to contact* est également possible)

Il y a tellement de travail à faire… Je ne sais pas par quoi commencer.
There's so much work to be done (ou to do)—I don't know what to start with.

11. Certaines tournures pronominales françaises traduites par un passif

Le gaspacho est une soupe qui se mange froide.
Gazpacho is a soup which is eaten cold.

D. Comment traduire les prépositions qui suivent un passif

1. Le complément d'agent est introduit par *By*

Les frontières ont été fermées par les autorités belges.
The borders have been closed by the Belgian authorities.

Il arrive qu'en français le complément d'agent soit précédé d'une autre préposition, quand l'anglais garde *By* :

J'espère que le message sera compris de tous.
I hope that the message will be understood by all.

Remarque : Il découle de ceci que le complément de nom sera également introduit par *By* lorsqu'on a affaire à une œuvre artistique:

Un film de [= **réalisé par**] Orson Welles.
A film by Orson Welles.

La Joconde est un tableau de [= **peint par**] Léonard de Vinci.
Mona Lisa is a painting by Leonardo.

2. Le complément d'agent du verbe *To know* est introduit par *To*

Il était déjà connu de la police.
He was already known to the police.

3. Le complément de manière après un passif est généralement introduit par *With* ou *In*

Les champs étaient couverts de neige.
The fields were covered with snow.

Ses mains étaient couvertes de sang.
His hands were covered in/with blood.

4. *Would / Used to / To be used to*

a. Quand et comment utiliser Would / Used to / To be used to *en traduction ?*

▶ **Would + *Base verbale***

En utilisant le modal *Would* — dit fréquentatif — le locuteur signale un comportement caractéristique de la personne, l'animal ou l'objet dont il parle :
a) dans un contexte passé ; b) lorsqu'il y a répétition d'un fait ou d'une action.

Quand le matin était ensoleillé, ils prenaient le petit-déjeuner dans leur jardin.
On sunny mornings, they would have breakfast in their garden.

Remarque : Vous ne pouvez employer *Would* s'il n'y a pas répétition. Vous utiliserez un prétérit ou *Used to*.

Autrefois, il y avait une église à cet endroit.
There used to be a church here.

Et non pas : *There would be a church here.*

▶ **Used to + *Base verbale***

– *Used to* **souligne une coupure nette, un contraste marqué entre une situation révolue et le présent.**

Le locuteur sous-entend : « Tout cela est du passé », « Tout ça est bien fini ».

Autrefois, les gens s'entr'aidaient quand les temps étaient durs.
People used to help one another when times were hard.

Autrefois, il y avait un lavoir ici.
There used to be a wash-house here.

– **Forme négative**
Autrefois, les gens ne travaillaient pas le dimanche.
People didn't use to work / didn't used to work / used not to work on Sundays. **(Cette dernière forme est d'un niveau de langue soutenu)**

– **Forme interrogative**
Autrefois, est-ce que les enfants se baignaient dans la rivière ?
Did children use to bathe / used to bathe in the river?

Remarque : Si *Who/What* sont sujets de la phrase, il n'y a pas d'auxiliaire.

Avant, qu'est-ce que tu aimais chez lui ?
What did you use to like about him?

Mais :

Quand tu étais plus jeune, qu'est-ce qui te mettait en colère ?
When you were younger, what used to make you angry?

▶ **To be used to + V-ING *(ou substantif)***

Quand le locuteur se sert de *To be used to*, il indique que la personne dont il parle a une telle habitude de quelque chose que cette chose lui est devenue familière et qu'il l'accepte.

Les gens ici ont l'habitude de la neige / de conduire sur la neige.
The people here are used to the snow / to driving on the snow.

Le Premier ministre avait l'habitude que les journalistes l'assaillent de questions.
The Prime Minister was used to being assailed by the journalists'questions.

   b. Comment traduire Would / Used to / Be used to

▶ **Would**

Vous opterez pour un imparfait, ou parfois la tournure « Avoir l'habitude de » ou « Avoir pour habitude de ».

Whenever the doctor visited them, they offered him a glass of plum brandy.
Chaque fois que le docteur leur rendait visite, ils lui offraient un verre de prune.

Every Friday, he would phone his elder daughter.
Chaque vendredi, il avait pour habitude d'appeler sa fille aînée.

▶ **Used to**

Vous pourrez renforcer l'imparfait et marquer l'idée de rupture avec le présent en y associant un adverbe tel que « autrefois » ou « avant ».

I used to think she was a thoughtful and helpful person.
Avant, je pensais que c'était quelqu'un de prévenant et de serviable.

▶ **To be used to**

Vous choisirez entre les tournures « Avoir l'habitude de », ou « Etre habitué à ».

I am used to being lectured by my parents.
Je suis habitué aux sermons de mes parents.

Remarque : To get used to se traduit par « s'habituer à ».

I'll never get used to getting up so early.
Je ne m'habituerai jamais à me lever aussi tôt.

5. Les tournures exprimant le résultat ou le mouvement

Certaines tournures anglaises indiquant le résultat d'une action peuvent poser des problèmes de traduction. Différentes possibilités s'offrent à vous pour résoudre ces difficultés.

a. La traduction parallèle

Les tournures résultatives évoquent le moyen utilisé pour accomplir une action ainsi que le résultat obtenu. Dans certains cas, il vous sera possible de les traduire en suivant l'ordre des éléments de la phrase anglaise.

▶ *Traduction du résultat*

Prenons l'exemple suivant :

She sang her baby to sleep.

Sleep est le résultat atteint et *Sang* exprime le moyen utilisé. Ici, les deux verbes peuvent être traduits l'un à la suite de l'autre :

Elle chanta jusqu'à ce que son bébé s'endorme. **(Voir plus bas une autre traduction possible)**

De même :

The film was so boring… but I saw (moyen) through (résultat) it.
Le film était d'un ennui… mais je l'ai vu **(moyen)** en entier **(résultat).**

They rushed into the toilet.
Ils se sont précipités dans les toilettes.

Speak (moyen) up (résultat), will you? I can't hear you.
Parle plus fort, veux-tu ? Je ne t'entends pas.

▶ *Effacement du résultat*

Il est des cas où le français ne gardera que l'expression du moyen quand l'anglais préfère marquer nettement le parcours dans l'espace ou le temps.

Eve threw down her schoolbooks and lay down on her bed.
Eve jeta ses livres et s'allongea sur le lit.

Down (résultat) n'apparaît pas dans la version française. Traduire par « jeta par terre » ne correspond pas nécessairement à l'action car les livres ont très bien pu être lancés sur le lit par exemple.

You should throw away those old newspapers.
Tu devrais jeter ces vieux journaux.

Bien sûr, un traducteur peut très bien choisir de rendre le résultat plutôt que le moyen et proposer :

Tu devrais te débarrasser de ces vieux journaux.

b. La traduction inversée

▶ *Le chassé-croisé*

Examinons à présent la phrase que voici :

The two gangsters ran out of the bank.

Une traduction qui suivrait l'ordre des mots anglais ne nous mènera à rien, car si l'anglais choisit d'exprimer d'abord le moyen utilisé pour accomplir l'action (*ran*), puis le résultat (*out of*), le français préférera quant à lui la stratégie inverse : le résultat passe avant le moyen, d'où l'appellation de chassé-croisé pour rendre compte de cette opération de traduction. Ce qui nous donne :

Les deux gangsters sortirent **(résultat)** de la banque en courant **(moyen)**.

Le moyen s'exprimera en français de diverses manières. Ainsi, vous pourrez être amenés à changer de catégorie grammaticale : un verbe anglais sera alors rendu par un adverbe ou une expression adverbiale. De même le résultat, exprimé par un verbe en anglais, deviendra un substantif en français.

– Verbe/Adverbe ou expression adverbiale
Esther rushed off when she saw him.
Esther s'en alla **(off)** précipitamment **(rushed)** quand elle l'aperçut.

– Verbe / En + participe présent
An old pirate limped into the inn.
Un vieux pirate entra dans l'auberge en boitant.

– Verbe/Verbe
He had sung himself hoarse.
Il s'était enroué à force de chanter.

– Verbe/Préposition + substantif
The workers crowded out of the factory.
Les ouvriers sortaient en foule de l'usine.

Miss Sloane hurried down the street.
Mademoiselle Sloane descendit la rue en toute hâte.

A young man shouldered her aside and got in.
Un jeune homme la poussa d'un coup d'épaule et entra.

– Verbe/Substantif

He looked up from his map and frowned.
Il leva les yeux de sa carte et fronça les sourcils.

She kicked him back.
Elle lui rendit son coup de pied.

▶ *Le chassé-croisé partiel*

– Effacement du moyen

Dans cette opération, le cas le plus fréquent va consister à effacer dans la version française le moyen chaque fois que celui-ci apparaît comme évident pour ne garder que le résultat.

We left the fire burn down and went to sleep.

Down signale le résultat atteint. *Burn* ne se traduit pas : le moyen est ici évident — un feu brûle — et sera donc sous-entendu en français.

Nous laissâmes le feu s'éteindre et nous nous endormîmes.

Étudions cet autre exemple :

She walked to the information desk.

À nouveau le moyen est manifeste : on peut supposer qu'elle ne se déplace pas en rampant. Nous choisirons alors la solution suivante :

Elle se dirigea vers l'accueil.

– Effacement du résultat

The crowd backed away.
La foule recula.

Away qui exprime le résultat — à savoir le fait de s'éloigner — disparaît pour laisser la place au seul moyen : *Backed.*

– La traduction idiomatique

Vous serez souvent amenés à vous éloigner de l'anglais pour rechercher l'expression la plus naturelle.

Partez du mot à mot si cela peut vous mettre sur la piste, aidez-vous du contexte et voyez quelle tournure vous viendrait instinctivement à l'esprit pour traduire l'idée exprimée. En l'occurrence :

He saw his wife off to the airport.
Il accompagna sa femme à l'aéroport.

His wife showed us around.
Son épouse nous fit visiter / nous fit faire le tour du propriétaire.

The Minister was shouted down.
Le ministre a été hué.

6. Les verbes à particule

a. Comment utiliser les particules

▶ *Principales particules*

Les mots invariables qui suivent peuvent également s'utiliser comme prépositions, à l'exception de *away* et *out* : *About* ; *across* ; *along* ; *around* ; *away* ; *back* ; *down* ; *in* ; *off* ; *on* ; *out* ; *over* ; *round* ; *through* ; *up*.

▶ *Comment distinguer particules et prépositions*

Il est important de faire la distinction afin de repérer les groupes de sens : vous éviterez ainsi un certain nombre de faux-sens.

– La préposition

La préposition se combine avec un nom.

The soldiers walked in single file.

Dans le cas ci-dessus, *in* est une préposition qui se rattache à *single file*. Elle ne dépend donc pas de *walk*.

Les soldats marchaient en file indienne.

– La particule

Elle forme un tout avec le verbe dont elle ne saurait généralement être dissociée sans que le sens de celui-ci ne s'en trouve altéré. Elle joue le rôle d'un adverbe qui apporte une précision à la signification du verbe ou la modifie fondamentalement.

The soldiers walked in [in] single file.

Ici, *in* est une particule inséparable de *walk* qui, associée au verbe, traduit l'idée de « entrer ».

Les soldats entraient en file indienne.

Remarque : « En file indienne » peut se dire *Single file* ou *In single file*.

– Particule associée à une préposition

Vous rencontrerez aussi des verbes à particule suivis d'une préposition :

We'd better go on with our work.

On dépend de *go* tandis que *with* est une préposition qui forme un tout avec *our work*.

▶ *Les principaux emplois des particules*

– La particule apporte une nuance au sens du verbe

Eat your vegetables!
Mange tes légumes !
Eat up your vegetables!
Mange tous tes légumes / Finis tes légumes !

Up traduit l'idée d'achèvement par rapport au sens de base de *eat*.

– La particule apporte une précision à un verbe de sens imprécis
The poor cat could not get down.

Get est un verbe souvent « passe-partout ». *Down* précise à quel type d'action on a affaire.

> Le pauvre chat n'arrivait pas à descendre.

– La particule change entièrement le sens du verbe
He knew they would do him in if he did not give in.

To do associé ici à *in* perd le sens de « faire », tandis que *give* ne signifie plus « donner ».

> Il savait qu'ils lui feraient la peau s'il ne cédait pas.

– La particule s'emploie parfois sans verbe
Down with the government!
À bas le gouvernement !

▶ *Sens concret et sens figuré*

a. sens concret
b. sens figuré (éventuellement)

– ABOUT

Dans tous les sens / partout
> *Why do you always leave your stuff lying about like that?*
> Pourquoi est-ce que tu laisses toujours traîner tes affaires partout comme ça ?

– ACROSS

a. Traverser (en surface)
> *They got drowned trying to swim across.*
> Ils se sont noyés en essayant de traverser à la nage.

b. Faire passer / comprendre ; passer / être compris
> *He knew it would be difficult to get the message across.*
> Il savait qu'il serait difficile de faire passer le message.

> *I'm afraid the message did not come across.*
> Je crains que le message ne soit pas passé.

– ALONG

a. Avancer
> *Just then a police car came along.*
> Juste à ce moment-là, une voiture de police est arrivée.

b. Amener / apporter avec soi ; accompagner
> *He brought two girls along.*
> Il a amené deux filles avec lui.

> *The children can sing along to the on-screen lyrics.*
> Les enfants peuvent chanter sur les paroles qui s'inscrivent à l'écran.

– (A)ROUND

a. Autour
> *The detective looked around carefully.*
> Le détective regarda attentivement autour de lui.

b. Changement d'état

Look! She's coming round!
Regarde ! Elle reprend connaissance.

I think that in time she will come around.
Je pense qu'avec le temps elle changera d'avis.

– AWAY

a. Éloignement

In the Autumn, the little swallow flew away.
À l'automne, la petite hirondelle s'envola.

b. (Faire) Disparaître ; activité continue

The varnish had been rubbed away.
Le vernis avait disparu sous l'effet du frottement répété.

In the pub, young people were talking and drinking away.
Dans le pub, des jeunes passaient leur temps à parler et à boire.

– BACK

a. Mouvement en arrière/retour

When I look back, I sometimes feel nostalgia.
Quand je regarde en arrière, j'éprouve parfois de la nostalgie.

b. Empêcher/retenir

He could barely choke back his anger.
Il pouvait à peine retenir sa colère.

– BY

a. À côté de

Two soldiers walked by.
Deux soldats passèrent à côté d'eux.

b. S'en sortir / être accepté

I don't know how they can get by with five kids.
Je ne sais pas comment ils peuvent s'en sortir avec cinq gamins.

Do you think I'll get by in this pink suit?
Est-ce que tu penses que ça passera si je porte ce costume rose ?

– DOWN

a. Mouvement vers le bas

Throw the rope down!
Lance la corde !

b. Contrôler/Réduire

They are desperately trying to keep inflation down.
Ils essayent désespérément de maîtriser l'inflation.

– IN

a. À/Vers l'intérieur

'Come in, please!', called the principal.
« Entrez, s'il vous plaît », dit le directeur d'une voix forte.

b. Avoir une activité ; achèvement
> *He only goes in for basketball and cycling.*
> Il ne s'intéresse qu'au basket et au cyclisme.

> *They forgot to fill the hole in again.*
> Ils ont oublié de reboucher le trou.

> *He is thought to have been done in by a hired assassin.*
> On pense qu'il a été buté par un homme de main.

– OFF
a. Éloignement
> *Mary Winslaw ran off with the neighbour.*
> Mary Winslaw s'est enfuie avec le voisin.

b. Séparer/couper/interrompre ; achever
> *Lewis had two fingers cut off by a machine.*
> Lewis a eu deux doigts sectionnés par une machine.

> *Our phone conversation was cut off.*
> Notre conversation téléphonique a été coupée.

> *We have not paid off our house yet.*
> On n'a pas encore fini de payer notre maison.

– ON
a. Sur
> *Don't forget to put the dinner on.*
> N'oublie pas de mettre le dîner à chauffer.

b. Mettre en marche ; poursuivre une activité
> *Shall I put the light on?*
> Est-ce que vous voulez que j'allume ?

> *'Move on, move on!', a police officer told us.*
> « Circulez, circulez ! », nous dit un agent de police.

– OUT
a. À/Vers l'extérieur
> *'Get out!', he shouted.*
> « Sortez ! », cria-t-il.

b. Révéler ; (s')étaler ; (faire) disparaître ; aller jusqu'au bout ; apparaître soudainement
> *She was very angry when she found out that she had been duped.*
> Elle fut très en colère lorsqu'elle s'aperçut qu'elle s'était fait berner.

> *The lieutenant laid out the map on the bonnet.*
> Le lieutenant étala la carte sur le capot.

> *The country wants to have its debts wiped out by the IMF .*
> Le pays veut voir ses dettes effacées par le FMI.

The film was really boring but somehow I managed to sit it out.
Le film était vraiment ennuyeux mais, je ne sais pas comment, j'ai réussi à rester jusqu'à la fin.

Fire broke out in the factory warehouse.
Un incendie a éclaté dans l'entrepôt de l'usine.

– OVER

a. Au-dessus ; passage d'un lieu à un autre ; renversement

A jet flew over with a big bang.
Un avion à réaction passa en faisant un grand « bang ».

I'll walk you over to your place.
Je vous raccompagne chez vous.

Turning round, he knocked the vase over.
En se retournant, il renversa le vase.

b. Répétition ; pensée réfléchie

She read the letter over to herself.
Elle relut la lettre dans sa tête.

I'd like to think it over before I let you know my decision.
J'aimerais y réfléchir avant de vous faire connaître ma décision.

– THROUGH

a. Traverser (volume)

This armchair won't get through—the entrance is too narrow.
Ce fauteuil ne passera pas : l'entrée est trop étroite.

b. Réussir ; achever

Their goal is to put this new law through by the end of the month.
Leur but est de faire passer cette nouvelle loi d'ici la fin du mois.

I've got all those papers to get through before tomorrow.
J'ai toutes ces copies à terminer avant demain.

– UP

a. Mouvement vers le haut

Put up your hands children instead of shouting.
Levez la main, les enfants, au lieu de crier.

b. Augmentation ; achèvement

Oil prices will be going up again, I'm afraid.
Le prix du pétrole va encore augmenter, j'en ai peur.

He drank up his whisky and started singing his head off.
Il avala son whisky et se mit à chanter à tue-tête.

b. Comment traduire les verbes à particule

▶ *Le sens de la particule l'emporte sur celui du verbe*

Observons la phrase qui suit :

The bride walked in.

Ce qui importe en l'espèce, c'est l'entrée de la mariée (*in*) et le fait que cette entrée se soit faite en marchant (*walked*) est d'une évidence telle que le français le passera sous silence :

> La mariée entra.

De même :

> *Jimmy scratched the car as he was trying to drive it out.*

Il n'est pas nécessaire de préciser que la personne était au volant du véhicule, d'où :

> Jimmy a éraflé la voiture en essayant de la sortir.

Remarque : Il arrive que la particule débute la phrase pour lui donner un tour plus expressif :

> *Off we go!*
> Et c'est parti ! / Allez, on y va !

Comment rendre cette inversion ? Vous pourrez par exemple recourir à l'expression : « Et voici / Et voilà », ou bien encore à « Et hop ».

> Et nous voilà partis !

> *In comes the bride.*
> Et voici la mariée qui entre.

> *Off they jump!*
> Et hop, les voilà qui sautent !

▶ *Le sens de la particule le cède à celui du verbe*

Voyez cette phrase :

> *He would help them brush the horses down.*

Ici, le mouvement vers le bas (*down*) qu'implique l'action est rendu de manière graphique en anglais tandis qu'il sera superflu en français, ce qui nous donnera donc :

> Il les aidait à brosser les chevaux.

▶ *Le sens de la particule et celui du verbe s'équilibrent*
> *The bride stalked in.*

Dans le cas présent, la manière dont s'est accomplie l'action (*stalked*) a autant d'importance que l'acte lui-même et il convient bien sûr de ne pas être infidèle à l'anglais :

> La mariée entra d'un air digne.

▶ *Le cas des verbes de mouvement et autres tournures résultatives*

Nous vous renvoyons ici au chapitre précédent : « Les tournures exprimant le résultat ».

c. Comment utiliser les verbes à particule

▶ **Construction à l'actif : le complément d'objet direct se place :**

– Avant la particule

Si le complément est un pronom personnel ou un adjectif démonstratif

Fais-les sortir ! / Sors-les de là !
Get them out!

Sors-ça de là !
Get that out!

– Avant ou après la particule

Si le complément est un nom

Il éteignit la lumière.
He switched off the light / He switched the light off.

Remarque : Si le verbe et sa particule expriment une idée abstraite, le complément vient plutôt après la particule :

Ils lancèrent leurs livres en l'air.
They threw up their books / They threw their books up.

Mais :

Elle décida de laisser tomber son boulot.
She decided to throw up her job.

– Après la particule

Si le complément est long

Est-ce que vous avez envoyé les lettres que je vous ai données ce matin ?
Have you sent off the letters I gave you this morning?

▶ **Construction au passif**

Voyez le chapitre C) Le passif 3) 3. Les verbes prépositionnels.

▶ **Les verbes à particule et le niveau de langue**

Un verbe à particule peut former un doublet avec un verbe de sens équivalent le plus souvent d'origine latine utilisé dans un anglais plus soutenu.

La Tchétchénie veut faire sécession de la Russie.
Chechnya wants to secede from / to break away from Russia.

Cinq années se sont passées depuis qu'elle a eu ce terrible accident.
Five years have elapsed/gone by since she had that terrible accident.

Il est de toute évidence plus aisé de mémoriser le terme d'origine latine, souvent proche du français, et donc plus tentant de l'utiliser. Cependant, il est impératif de maîtriser les verbes à particule les plus courants, dont l'anglais quotidien et journalistique fait un usage intensif. Il faut également savoir que les synonymes parfaits sont rares et que deux verbes qu'on penserait pouvoir intervertir apportent en fait une nuance de sens. Il en est ainsi dans l'exemple que voici :

I hope they will pay me back.
I hope they will reimburse me.

Reimburse — très formel — s'utilise pour traduire l'idée d'un remboursement auquel procède un organisme, une entreprise à la suite de frais engagés ou de dommages encourus. Le terme serait inapproprié et ridicule dans la conversation.

J'espère qu'ils me rembourseront.

7. Les verbes pronominaux

La tentation est grande de vouloir traduire une forme pronominale française par une tournure anglaise utilisant un pronom réfléchi. Or, il s'avère que cela n'est possible que dans un nombre de cas déterminés. Nous allons donc aborder dans ce chapitre la manière de rendre les différents types de verbes pronominaux que nous connaissons en français.

a. L'action est nettement réfléchie

L'action est accomplie par un/plusieurs sujets sur eux-mêmes.

▶ *Traduisez par un verbe + pronom réfléchi*

Le complément d'objet est le sujet lui-même
Soit l'exemple suivant :

Elle se regarda dans la glace.

Le complément d'objet et le sujet sont identiques et si l'on pose la question « Qui regarde qui ? » la réponse est : « Elle regarda elle-même ». Vous traduirez donc :

She looked at herself in the mirror.

Attention ! Lorsque vous rencontrez un verbe réfléchi, veillez à ne pas alourdir la phrase française par une sur-traduction du pronom anglais :

He said to himself that it was no use waiting.
Il se dit que ça ne servait à rien d'attendre.

Et non pas : « Il se dit à lui-même que ça ne servait à rien d'attendre ».

▶ *Traduisez par un verbe + adjectif possessif + partie du corps*

Le complément d'objet est une partie du corps du sujet
En français, le complément est souvent sous-entendu, excepté dans le langage familier qui crée ainsi un pléonasme : « Mouche-toi le nez ! » ou encore : « Est-ce que tu t'es peigné les cheveux ? » Supposons justement que vous ayez :

Il se moucha.

Aucune forme pronominale ne pourra traduire directement le verbe français, mais vous trouverez :

He blew his nose.

Voyez cet autre exemple :

> *She has cut her finger.*
> Elle s'est coupé le doigt.

Remarque : Vous noterez que la partie du corps est précédée d'un article en français (évitez donc « Il s'est coupé son doigt », qui est une redondance fâcheuse) et d'un adjectif possessif en anglais.

b. L'action est réfléchie mais n'est plus perçue comme telle

Avec l'usage, le pronom a cessé de jouer le rôle de complément d'objet et semble former avec le verbe un tout indissociable. Ces verbes pronominaux souvent très courants ne seront normalement pas traduits par des réfléchis. Vous recourrez aux solutions ci-dessous.

▶ *Traduisez par un verbe intransitif*

Ils se cachèrent dans une cave.
They hid in a cellar.

Les deux hommes devaient s'enfuir durant la nuit.
The two men were to run away during the night.

Remarque : Les verbes pronominaux intransitifs en français ont de fortes chances de l'être en anglais.

Si le sujet est un inanimé, vous ne pourrez utiliser de forme réléchie :

Les portes se refermèrent derrière le preux chevalier.
The gates closed behind the valiant knight.

▶ *Traduisez par un verbe transitif indirect (verbe + préposition)*

— *Il a refusé de m'aider ! — Ça t'étonne ?*
— *He refused to help me! — Can you wonder at it?*

Remarque : Il est nécessaire de connaître par cœur quelle préposition accompagne tel ou tel verbe suivant son sens, car essayer de plaquer une préposition que vous pensez équivalente au français se révélera source de fautes innombrables. Voyez le verbe *Wonder* dans le contexte suivant :

I'm still wondering about taking a sabbatical.

On s'aperçoit que les prépositions apportent une nuance différente : *To wonder at* traduit l'idée de s'étonner de quelque chose, quand *To wonder about* signifie « se poser des questions ».

Je m'interroge encore pour savoir si je prends une année sabbatique.

▶ *Traduisez par un verbe transitif*

Est-ce que tu te sers de l'ordinateur ?
Are you using the computer?

Est-ce que tu te souviens de son numéro de téléphone ?
Do you remember her phone number?

Remarque : Il est impératif d'apprendre la construction de ces verbes, transitifs indirects en français mais transitifs directs en anglais, qui recèle de multiples pièges. Consultez le dictionnaire : il vous indiquera le régime du verbe recherché.

c. L'action a un sens passif

Il est très facile de reconnaître un verbe à sens passif : il suffit pour cela de s'assurer de pouvoir y accoler un complément d'agent, c'est-à-dire un complément introduit par la préposition *By*.

▶ *Traduisez par un verbe au passif*

Observons ensemble ce qui suit :

Il s'est gravement blessé en nettoyant un fusil de chasse.

Si vous prenez le verbe « Blesser », vous pouvez le faire suivre d'un complément d'agent : « Il a été gravement blessé par son fusil de chasse », vous traduirez donc par un passif.

He was badly wounded as he was cleaning a shotgun.

Il en sera de même pour :

Il s'est fait prendre plusieurs fois.

On peut sous-entendre ici : « Il a été pris par la police », d'où :

He was caught several times.

▶ *Vous traduirez par* Get *+ Passif*

Vous utiliserez cette construction :

a. Lorsque vous souhaitez vous exprimer dans un anglais moins formel.

b. Ou lorsque vous voulez exprimer le passage d'un état à un autre.

c. Ou bien lorsque l'action a été accomplie de manière accidentelle ou soudaine.

d. Ou enfin dans un certain nombre d'expressions entrées dans l'usage courant.

Une des branches s'est cassée.
One of the branches got broken.

— Mais qu'est-ce qu'elle fait ? — Je crois qu'elle est en train de s'habiller.
— But what is she doing? — I think she's getting dressed.

Remarque : Si, par contre, vous souhaitez insister sur la capacité à s'habiller — chez un enfant par exemple — vous utiliserez une forme réfléchie :

Can you dress yourself now?
Tu sais t'habiller tout seul maintenant ?

Des expressions telles que « Se fiancer, se marier, se perdre » ou encore « Se laver » se construiront volontiers avec *Get*.

They want to get engaged/married as soon as possible.
Ils veulent se fiancer / se marier le plus vite possible.

▶ *Vous traduirez par* Can *+ Passif*

Lorsque la tournure pronominale implique l'idée d'une capacité (ou d'une impossibilité), vous la ferez apparaître en anglais.

> Son comportement ne s'explique pas.

Vous pouvez sous-entendre : « Son comportement ne peut être expliqué » :

> *Her behaviour cannot be explained.*

d. L'action est accomplie sur une autre personne

▶ *L'action est exercée par un/plusieurs sujets sur un/d'autres sujets et vice versa.*

En fait, lorsque vous pourrez paraphraser par « l'un l'autre » ou « les uns les autres » :

Vous traduirez par un verbe + un pronom réciproque

Les pronoms réciproques sont au nombre de deux : *Each other* et *One another*. *One another* relève d'un anglais assez soutenu et certains anglophones pensent que *each other* devrait s'utiliser lorsque deux personnes sont impliquées et *one another* pour plus de deux. Mais cette distinction est très formelle et *each other* apparaît comme le pronom le plus fréquemment employé.

Each other et *one another* — dont vous ne pouvez séparer les deux éléments — sont invariables et ne se rencontrent jamais en fonction de sujet ; par contre ils peuvent se mettre au génitif (*each other's* ou *one another's*).

Imaginons que vous ayez à traduire :

> Pour une fois, vous ne pouvez pas arrêter de vous disputer ?

Ici, le sens est bien celui de « vous disputer l'un avec l'autre », d'où la version anglaise :

> *For once, can't you stop arguing with each other?*

Restons dans le même domaine pour illustrer l'utilisation du pronom réciproque au génitif :

> *They are always at each other's throats.*
> Ils sont toujours à se bagarrer.

▶ *L'action est accomplie sur une/plusieurs personnes sans réciprocité*

Vous traduirez par un verbe transitif (direct ou indirect)

Ici encore, le verbe pronominal français ne saurait se traduire par un réfléchi car l'action n'est pas accomplie par le sujet sur lui-même. C'est le cas, par exemple dans :

> Ils se moqueraient certainement d'elle.
> *They would certainly laugh at her.* (**verbe transitif indirect**)

> Il prétend qu'il se l'est faite.
> *He claims he's had her.* (**verbe transitif direct**)

8. Les tournures elliptiques

a. Comment utiliser et traduire les tags

Le tag permet de rappeler de manière elliptique un verbe utilisé précédemment. Si ce verbe est un modal, le tag le reprendra sans auxiliaire ; si c'est un verbe ordinaire employé au présent ou au prétérit simples, le tag utilisera *Do/Does* ou *Did* ; si le verbe est construit avec un auxiliaire, le tag reprendra cet auxiliaire. Prenons comme exemple le verbe *To work* et voyons de quels éléments sera formé le tag.

> *He works :* **tag construit avec** *does*
> *He worked :* **tag construit avec** *did*
> *He has worked :* **tag construit avec** *has*
> *He was working :* **tag construit avec** *was*
> *He will work :* **tag construit avec** *will*
> *He could work :* **tag construit avec** *could*

Suivant sa construction et son intonation, le tag permet d'exprimer des nuances de pensée extrêmement variées. Le tag est d'un usage très fréquent mais évite la monotonie car il prend des formes diverses. Le traduire mécaniquement par « N'est-ce pas ? » fait penser davantage à un tic de langage qu'à un réel effort de traduction. Il vous faudra donc utiliser les différentes solutions proposées ci-dessous.

Une phrase qui comporte un verbe affirmatif accompagné d'un mot négatif (*no*, composés de *no*, *none*, *hardly*, *barely*, *scarcely*, *rarely*, *seldom*, *ever*) sera considérée comme si le verbe était négatif.

> ▶ *Le tag est utilisé pour s'informer de quelque chose*
> **– Le locuteur se renseigne**

Verbe affirmatif → Tag négatif

> *She's off sick, isn't she?*
> Elle est malade ou pas ?
> Elle est malade, je crois ?

Remarque : Suivant l'intonation, le tag peut exprimer une réelle demande (intonation montante, d'où la première traduction) ou bien n'être qu'une question rhétorique — le locuteur connaissant en fait la réponse (intonation descendante, ce qui nous donne la seconde solution).

> *He seldom drinks, does he?*
> Il boit rarement, non ?

> **– Le locuteur demande confirmation**

Verbe affirmatif → Tag affirmatif
Verbe négatif → Tag négatif

> *She's off sick, is she?*
> Elle est malade, c'est bien ça ?
> Elle est malade, non ?

You speak French, do you?
Vous parlez français, je pense ?

– Le tag traduit une réaction

À nouveau, suivant l'intonation et le contexte, les réactions peuvent aller de l'intérêt réel ou feint, l'étonnement, l'inquiétude, à l'énervement, l'ironie ou encore la colère.

a. Réaction du locuteur

Verbe affirmatif → Tag affirmatif

Verbe négatif → Tag négatif

Voyons une même phrase suivie d'un tag qui pourra revêtir diverses significations.

So your son works for the Secret Service, does he? How interesting!
Ah bon, votre fils travaille pour les Services Secrets ! **(étonnement)**
Alors comme ça, votre fils travaille pour les Services Secrets…**(ironie)**

Remarque : Si le tag est répété après *Or*, cela traduit un doute :

You don't like her very much, do you or do you?
Vous ne l'aimez pas beaucoup, pas vrai, ou est-ce que je me *trompe?*

b. Réaction de l'interlocuteur

– Expression de l'assentiment

Verbe affirmatif → Tag négatif

Verbe négatif → Tag affirmatif

— *They've bought a lovely house.* — *Yes, didn't they?*
— Ils ont acheté une jolie maison. — Oh oui, n'est-ce pas ?

— *I think she made a terrible mistake.* — *Didn't she?*
— Je pense qu'elle a fait une terrible erreur. — C'est aussi votre avis ?

– Expression de sentiments variés (étonnement, incrédulité, ironie etc.)

Verbe affirmatif → Tag affirmatif

Verbe négatif → Tag négatif

— *They've bought a new car.* — *Did they?*
— Ils ont acheté une nouvelle voiture. — Ah ? / Ah bon ? / Ah bon ! / Tiens donc !

▶ *Cas particuliers*

– Le pronom de rappel après *Nothing* / *No one* / *Nobody* / *Someone* / *Somebody*

a. *Nothing* : It

Nothing can be more important, can it?
Rien ne peut avoir plus d'importance, pas vrai ?

b. *No one* / *Nobody* : They

Nobody left a message, did they?
Personne n'a laissé de message, n'est-ce pas ?

c. *Someone*/Somebody : They

> *Someone left a message, didn't they?*
> Quelqu'un a laissé un message, non ?

– Le tag après un impératif

a. *Will you?* (intimer à quelqu'un de faire quelque chose)

> *Give me a break, will you?*
> Lâche-moi, tu veux ?

b. *Would you?* (demander poliment à quelqu'un de faire quelque chose)

> *Shut the window, would you?*
> Fermez la fenêtre, voulez-vous ?

c. *Won't you?* (inviter quelqu'un à faire quelque chose)

> *Sit down, won't you?*
> Vous ne voulez pas vous asseoir ?

d. *Can you?* (demander à quelqu'un s'il peut — s'il pourrait : *could* — faire ce que vous lui demandez)

> *Lend me £5, can you? / could you?*
> Tu peux / Tu pourrais me prêter 5 livres ?

e. *Can't you?* (traduit un certain énervement)

> *Stop complaining, can't you?*
> Tu ne peux pas arrêter de te plaindre, non ?

Remarque : Le tag après *Let's* est *Shall we ?*

> *Let's take a break, shall we?*
> Et si on faisait une pause, non ?

f. Le tag après *I am*
> *I'm a fool, aren't I?*
> Je suis un idiot, hein ?

Mais :

> *I'm not ill, am I?*
> Je ne suis pas malade, n'est-ce pas ?

b. Comment utiliser et traduire les autres tournures elliptiques

▶ *La tournure elliptique sert à confirmer ce qui vient d'être dit*

– Confirmation positive

Yes / Of course / So + Sujet + Aux.

— *He takes after his grandfather. — Yes / Of course / So he does.*
— Il tient de son grand-père. — Oui / Bien sûr que oui / Oui, tout à fait.

– Confirmation négative

No + Sujet + Aux. négatif

— *She doesn't look like her mother. — No, she doesn't.*
— Elle ne ressemble pas à sa mère. — Non, effectivement / Non, c'est vrai.

Nor + Aux. + Sujet

— *She promised she wouldn't tell him. Nor did she.*
— Elle a promis qu'elle ne lui dirait rien. Et effectivement, elle n'a rien dit.

▶ *La tournure elliptique à sens positif après les verbes :*

To think / To believe / To guess / To reckon / To hope / To expect / To suppose / To imagine / To seem après l'expression :

I'm afraid →Verbe ou *I'm afraid + So*

— *Is it too late, now? — I think so / I'm afraid so.*
— Est-ce que c'est trop tard maintenant ? — Je pense que / Je crains que oui.

▶ *La tournure elliptique à sens négatif après les verbes :*

To think / To believe / To guess / To expect / To suppose / To imagine

Verbe négatif + *So*
Verbe + *Not* (moins courant)

— *Is it too late, now? — I don't think so / I think not.*
— Est-ce qu'il est trop tard à présent ? — Je ne le pense pas.

après le verbe : *To hope*
après l'expression : *I'm afraid*

Verbe *To hope* ou *I'm afraid* + Not

— *Was she happy to see you? — I'm afraid not.*
— Est-ce qu'elle était heureuse de vous voir ? — J'ai bien peur que non.
— *Do you think she'll invite him? — I hope not.*
— Penses-tu qu'elle l'invitera ? — J'espère que non.

▶ *La tournure elliptique sert à marquer un doute sur ce qui vient d'être dit*

Verbe affirmatif → Tag affirmatif
Verbe négatif → Tag négatif

— *The Queen is one of the richest women in the world. — Is she?*
— La Reine est une des femmes les plus riches au monde. — Ah bon / Vraiment / Vous croyez ?

▶ *La tournure elliptique sert à opposer deux énoncés*

– Opposition positive

Sujet +Aux.

— *I don't like oysters. — I do.*
— Je n'aime pas les huîtres. — Moi si.

– **Opposition négative**

Sujet + Aux. négatif

— *I like oysters. — I don't.*
— J'aime les huîtres. — Moi non / Pas moi.

▶ *La tournure elliptique sert à demander à quelqu'un son opinion*
– **Demande positive**

Aux. + Sujet

— *She was disappointed. — Were you?*
— Elle a été déçue. — Et toi ?

– **Demande négative**

Aux. négatif + Sujet

— *I was annoyed. — Weren't you?*
— J'étais contrariée. — Pas vous ?

▶ *La tournure elliptique sert à éviter une répétition :*
– **D'un verbe ou adjectif suivi d'un infinitif**

Verbe ou Adjectif + *To*

— *Would you like to come with us? — I'd love to / I'd very much like to. / I'd be happy to.*
— Est-ce que ça vous dirait de nous accompagner ? — J'adorerais / J'aimerais beaucoup / J'en serais très heureux.

– **D'un verbe avec *To say / To hear / To understand / To tell / To believe***

So + Sujet + *To say* etc.

— *They are getting divorced. — So I heard.*
— Ils divorcent. — Oui, c'est ce que j'ai entendu dire.
— *She's going to get married. — So I understand.*
— Elle va se marier. — Oui, c'est ce que j'ai cru comprendre.

– **D'un verbe après *To say***

To say + So

— *She is going to get married to Luke. — Who says so?*
— Elle va épouser Luke. — Qui est-ce qui dit ça ?
— *He got sacked. — I told you so.*
— Il s'est fait virer. — Je te l'avais dit.

9. Comment traduire un infinitif français

Nous ne mentionnerons la tournure *To* + Verbe que lorsque celle-ci marquera une nuance de sens par rapport à une autre construction.

a. Infinitif traduit par une Base verbale

▶ *Avec les verbes* To Let / To make / To have *(dans le sens de « faire faire »)* / To help / To know *Ces verbes se construisent ainsi :*

Verbe + Nom/Pronom complément + Base verbale

Ils ne me laissent pas sortir le samedi.
They don't let me go out on Saturdays.

Nous lui ferons avouer son crime.
We shall make him confess his murder.

Je l'ai aidée à trouver un plus grand appartement.
I helped her find a bigger flat.

Je ne savais pas qu'il faisait du squash.
I never knew him play squash.

Remarque : au passif, *To make* se construit avec *To*.

She was made to open her suitcase.
Ils lui ont fait ouvrir sa valise.

▶ *Avec le verbe* To need

Dans son utilisation modale, *Need*, qui se construit alors sans auxiliaire, s'utilise couramment à la forme négative pour parler d'un besoin ponctuel alors que dans son emploi normal il renvoie plutôt à une nécessité habituelle.

Tu n'as pas besoin de prendre le bus demain. Je te conduirai au travail.
You needn't take the bus tomorrow. I'll drive you to work.

Je n'ai pas besoin de prendre le bus. Tous les matins, Glenn m'emmène au travail.
I don't need to take the bus—Every morning, Glenn drives me to work.

▶ *Dans les questions commençant par* Why

Pourquoi dépenser autant d'argent ?
Why spend so much money?

Pourquoi ne pas rester ici jusqu'à ce qu'ils reviennent ?
Why not stay here until they are back?

▶ *Après la préposition* But

Il ne fait que se plaindre sans arrêt.
He does nothing but complain all the time.

▶ *Après* Had rather / Had better

He'd rather / He'd better wait until next week.
Il préfèrerait attendre / Il ferait mieux d'attendre jusqu'à la semaine prochaine.

▶ *Après* Rather than

Il devrait le faire tout seul plutôt que d'attendre sa réponse.
He should do it himself rather than wait for his answer.

Dans l'exemple ci-dessus, *To* est possible dans un anglais soutenu. Il peut également arriver de rencontrer *V-ING*.

▶ *Avec les verbes* **To come / To go / To try**

Avec les verbes ci-dessus, on rencontre la tournure :

To come / To go / To try + And + *Verbe*

Mais ceci n'est possible que s'ils sont à l'infinitif ou à la base verbale.

Pourquoi n'essayes-tu pas de trouver un boulot pour les vacances ?
Why don't you try and find a summer job?

Venez me voir un de ces jours !
Come and see me sometime!

▶ *Après un modal*

Elle doit/peut prendre six cachets par jour.
She must/can take six tablets a day.

b. Infinitif traduit par une Base verbale ou V-ING

Avec les verbes *To hear / To see* suivis d'un sens actif

▶ *Base verbale si l'action est perçue dans son intégralité*

J'ai entendu quelqu'un crier.
I heard someone scream.

▶ **V-ING** *si l'action est décrite dans son déroulement*

Je l'ai entendue pleurer dans sa chambre.
I heard her crying in her room.

c. Infinitif traduit par une Base verbale ou To + Verbe

▶ *Base verbale après* **Except** *précédée de* **To do** *ou* **To have**

Le samedi soir, ils ne font rien si ce n'est aller de pub en pub.
On Saturday nights they do nothing except go from one pub to another.

▶ **To** + *verbe après* **Except** *précédée de* **To want** *et de tout verbe construit avec* **To**

Tout ce que je veux c'est m'assurer qu'elle va bien.
I want nothing except to make sure that she is all right.

Remarque : *Except* se construit avec *To* + Verbe si la proposition qui suit exprime le but :

Ils ne viennent jamais me voir sauf pour me demander de l'argent.
They never come to see me except to ask me for money.

d. Infinitif traduit par V-ING

▶ *Nombreux verbes*

Répertorier tous les verbes qui régissent *V-ING* dépasse le cadre de cet ouvrage. Vous en chercherez la liste dans une grammaire et reverrez les fondements linguistiques de *V-ING*.

▶ *Après les verbes* **To allow / To permit / To advise / To recommend / To encourage**

Il ne faut pas cependant que ces verbes soient suivis d'un sujet précis. Voyez cet exemple :

> Les autorités conseillent de rester dans les abris.
> *The authorities advise staying in the shelters.*

Mais :

> Ils m'ont autorisée à aller au cinéma.
> *They allowed me to go to the pictures.*

▶ *Après toutes les prépositions*

Vous verrez plus haut le cas particulier de *But* et *Except*.

> Avant de monter dans le train, il nous fit un geste d'adieu.
> *Before getting on the train, he waved us good-bye.*

> — On n'a pas arrêté de travailler. — Sans même faire de pause ?
> *— We kept on working. — Without even taking a break?*

▶ *Après un comparatif*

Si le comparatif est précédé d'un *V-ING*, il aura tendance à être suivi d'une construction semblable, comme dans l'énoncé ci-dessous :

> Y aller en car, c'est plus fatigant que d'y aller en train.
> *Going by coach is more tiring than going by train.*

▶ *Après* **Except** *précédée de* **Good at**

> *She is good at everything except doing the cooking.*
> Elle est bonne en tout excepté pour faire la cuisine / en cuisine.

e. *Infinitif traduit par* V-ING *ou* To + Verbe

▶ *Avec les verbes* **To need / To want / To require** *suivis d'un sens actif ou passif*

Ces verbes se construisent avec *V-ING* lorsque le sens est passif :

> Le salon a besoin d'être refait.
> *The living-room wants redecorating.*

Mais :

> Ils veulent refaire le salon.
> *They want to redecorate the living-room.*

▶ *Avec les verbes* **To forget / To remember / To regret / To like / To hate / To try**

Pour une liste complète des verbes à rattacher à ceux donnés ci-dessus, vous consulterez une grammaire.

– *To* + **Verbe : l'énonciateur mentionne une action à venir**

> N'oublie pas d'acheter des timbres.
> *Remember to buy some stamps.*

> J'adorerais me dorer au soleil.
> *I'd love to bask in the sun.*

– V-ING : l'énonciateur se fonde sur une expérience, un fait passé

Je me rappelle avoir acheté des timbres.
I remember buying some stamps.

J'adore me dorer au soleil.
I love basking in the sun.

▶ **L'infinitif est en fonction sujet**

S'échapper de cette prison est quasiment impossible.
Escaping from that prison is almost impossible.

Remarque : un infinitif est également possible, bien que cet usage soit moins courant.

f. Infinitif traduit par un participe passé

▶ *Avec les verbes* **To hear / To see** *suivis d'un sens passif*

Dans les phrases données en exemple ci-dessous, le verbe à l'infinitif renvoie à une action de sens passif, ce que l'anglais va marquer de façon explicite par un passif.

On s'est vu répondre que c'était notre faute !
We were told that it was our fault!

Ici, « répondre » peut être paraphrasé par « Il nous a été répondu ». Par contre, si vous avez :

J'entendais un merle chanter,

Le verbe « chanter » exprime une action de sens actif — « le merle chantait », d'où :

I could hear a blackbird sing.

▶ *Avec les verbes* **To make / To have / To get** *suivis d'un sens passif*

Lorsque ces verbes ont le sens de « Faire faire quelque chose à quelqu'un », et que l'infinitif est de sens passif, ce dernier se traduit par un participe passé.

Ils pourraient faire réparer leur vieille machine à laver.
They could have their old washing machine repaired.

g. Infinitif traduit par un verbe conjugué

Vous vous référerez également au chapitre intitulé « Des structures différentes ».

▶ **L'infinitif français est dit « de narration »**

Considérons la phrase que voilà :

Elle expliqua qu'elle avait oublié leur rendez-vous. Et son fiancé d'insinuer qu'elle l'avait fait exprès.

Vous choisirez en anglais d'utiliser une forme conjuguée :

[...] But her fiancé insinuated she had done it on purpose.

▶ *L'infinitif est « délibératif »*

En français, l'infinitif peut s'employer pour traduire les interrogations de l'énonciateur. Un procédé de traduction consistera à recourir au modal *Can*.

Comment s'en étonner ?
How can you wonder at it?

Que faire ?
What can we do?

▶ *L'infinitif est « exclamatif »*

Dans cet emploi d'un registre soutenu, l'infinitif traduit un souhait, ce qui peut donc se rendre par *If only* ou *Wish*.

Ah, pouvoir revoir mes chers parents !
Ah, if only I could see my dear parents again!
Ah, I wish I could see my dear parents again!

▶ *L'infinitif est « impératif »*

Cet emploi est fréquent dans les instructions d'utilisation, les livres de cuisine. Vous penserez alors à un impératif :

Porter à ébullition pendant 10 minutes.
Boil for 10 minutes.

Chapitre 5

Le groupe nominal

I. Le nom

L'étude du gérondif qui ouvre ce chapitre va nous permettre d'établir un lien entre le domaine verbal et celui du nom.

A. Comment traduire le gérondif

Cette partie se propose donc d'étudier ce qu'on appelle communément le gérondif dans les propositions nominales en *V-ING*. Ces nominales sont en fait des subordonnées faisant fonction de nom en position sujet, attribut ou complément. Prenez la phrase :

> *Driving fast is dangerous.*

Driving est ici sujet de *is*. Voyez à présent :

> *I like driving fast.*

Driving occupe cette fois la place de complément du verbe *like*.

> *His only interest is angling.*

Angling est attribut du sujet.

Le gérondif permet de construire un nom à partir de la base verbale en y accolant *-ING*. Comme tout substantif, il peut se mettre au pluriel : *Offerings* (des offrandes). Le gérondif peut se présenter — essentiellement à l'écrit — sous la forme *Having* + Participe passé pour exprimer l'antériorité :

> *Daniel, having forgiven Lucy, agreed to see her again.*
> Daniel, ayant pardonné à Lucy, accepta de la revoir.

Il importe de comprendre que le sens fondamental du gérondif sera toujours : « Le fait de, l'action de » et, plus rarement, « La façon de ». Charge à vous ensuite de rendre cela en un français naturel, ce qui, il faut le reconnaître, n'est pas toujours chose aisée.

Passons maintenant en revue les différentes utilisations du gérondif et divers procédés de traduction.

1. Le gérondif est employé sans déterminant

Selon le contexte, vous adopterez une des solutions apparaissant ci-dessous.

a. Traduit par « Le fait de »

> *To me, being blind isn't as great a handicap as you might expect.*
> Pour moi, le fait d'être aveugle n'est pas un handicap aussi grand qu'on pourrait le penser.

b. Traduit par un infinitif

▶ *Présent*

Drinking two glasses of wine a day is said to be good for your health.
Boire deux verres de vin par jour est, dit-on, bon pour la santé.

▶ *Passé*

Having been found guilty, he was put in jail straightaway.
Après avoir été reconnu coupable, il fut mis en prison sur-le-champ.

c. Traduit par un participe

▶ *Présent*

Being a woman, she knew she would soon hit a glass ceiling.
Étant une femme, elle savait que bientôt son ascension serait bloquée.

▶ *Passé*

Having been found guilty, he was sentenced to death.
Ayant été reconnu coupable, il fut condamné à mort.

d. Traduit par un nom

Driving on icy roads takes a lot of nerve.
La conduite sur route verglacée demande beaucoup de sang-froid.

Dans l'exemple ci-dessus, vous pourriez évidemment proposer :

Conduire sur route verglacée demande beaucoup de sang-froid.

La solution finale est ici affaire de goût, mais en tout état de cause, ne négligez pas de rechercher le substantif qui offrira une alternative élégante au recours systématique à l'infinitif ou vous permettra d'éviter une tournure maladroite. À l'évidence, un effort de réflexion s'avérera nécessaire pour passer du sens de base, à savoir « Le fait de, l'action de » au nom approprié. Procédez par étapes. Supposons que vous rencontriez :

The screaming gradually changed to crying.

Crying signifie « Le fait de pleurer » et le substantif apparenté sera par conséquent « pleurs ». De même, *screaming* aboutira à « hurlements ». Nous pourrons alors traduire :

Les hurlements se changèrent progressivement en pleurs.

2. Le gérondif sans déterminant est précédé d'une préposition

a. Traduit par un infinitif

▶ *Présent*

They are used to singing together.
Ils sont habitués à chanter ensemble.

Excuse me for arriving late.
Excusez-moi d'arriver en retard.

▶ *Passé*

He was punished for stealing a loaf of bread.
Il fut puni pour avoir volé une miche de pain.

Remarque : Ne confondez surtout pas *To* + Base verbale (qui exprime le but) avec *For* + V-*ING* (qui traduit le motif) :

> *He was punished to make an example.*
> Il a été puni pour faire un exemple.

b. Traduit par En + participe présent

▶ *Après* **On** *(pour exprimer deux actions simultanées)*

> *On receiving their letter, she decided to leave straightaway.*
> En recevant leur lettre, elle décida de partir sur-le-champ.

▶ *Après* **By** *(pour exprimer le moyen)*

> *In Africa, lots of people learn French by watching satellite television.*
> En Afrique, beaucoup de gens apprennent le français en regardant la télévision par satellite.

c. Traduit par un nom

> *He was arrested for smuggling cigarettes.*
> Il a été arrêté pour contrebande de cigarettes.

> *Excuse me for arriving late.*

Cet exemple, que nous avons rencontré plus haut, se rendra, dans un contexte réquérant un français plus soutenu, par :

> Excusez cette arrivée tardive.

3. Le gérondif est précédé d'un article ou d'un démonstratif

Traduit par un nom

> *The rebuilding of the castle took 30 years.*
> La reconstruction du château a pris 30 ans.

4. Le gérondif est précédé d'un adjectif possessif, d'un pronom personnel complément, d'un nom propre ou commun

a. Traduit par « Le fait de / le fait que »

> *Her being bilingual proved a tremendous asset.*
> Le fait d'être / qu'elle soit bilingue s'est avéré être un atout considérable.

b. Traduit par Que + proposition conjonctive

> *Her being a brilliant student is undeniable but...*
> Qu'elle soit une étudiante brillante est indéniable, mais...

> *She resents his treating her like a child.*
> Elle n'accepte pas qu'il la traite comme une enfant.

c. Traduit par une proposition

> *Do you mind the children staying here?*
> Cela vous dérange-t-il si les enfants restent ici ?

> *I hope she won't be annoyed about Bob ('s) refusing to give her a lift.*
> J'espère qu'elle ne sera pas contrariée si Bob refuse de l'emmener.

Remarque : L'emploi du pronom personnel et du nom sans marque de génitif relève d'un anglais informel, particulièrement à l'oral.

Si le gérondif est précédé d'un possessif ou du génitif, il peut signifier : « La façon de » :

> *I hate his acting.*
> Je déteste sa façon de jouer.

d. Traduit par un nom

News quickly arrived of the Americans having retaken Guam.
La nouvelle de la reprise de Guam par les Américains arriva rapidement.

5. Le gérondif est précédé de *(There is) No*

Le sens global de ce genre de tournure est « Il n'y a pas moyen de ».

> *There is no denying that he's an honest man.*
> Il est indéniable que c'est quelqu'un d'honnête.
>
> *There's no knowing what the government is going to do now.*
> Il n'y pas moyen de savoir ce que le gouvernement va faire à présent.
>
> *No parking.*
> Il est interdit / Interdiction de se garer. (ou Parking interdit !)

II. Le nombre et le genre

A. Le nombre

Nous vous renvoyons à votre grammaire pour une analyse détaillée des problèmes liés au nombre dans le passage d'une langue à l'autre : comment se forment les pluriels anglais, quels noms sont dénombrables ou appartiennent aux indénombrables, à quelles règles obéit la mise au pluriel des noms composés etc. Dans ce chapitre, nous allons réfléchir à quelques pièges de traduction.

1. Les noms collectifs en traduction

Lisez les deux exemples qui suivent :

> L'équipe menait trois à un.
> L'équipe est optimiste.

En français, le singulier est de rigueur dans les deux phrases. De son côté, l'anglais aura tendance à fonctionner différemment suivant qu'il considère un groupe de personnes comme un ensemble, un tout, ou au contraire sous l'angle des individus : il sous-entend alors « Les membres de ». Il en sera ainsi dans le second exemple :

> *The* team *are optimistic.*

Je peux paraphraser par « Les membres de l'équipe ou les joueurs sont optimistes ». Par contre nous dirons plutôt :

> *The team was leading three-one.*

Cette fois, l'équipe est vue comme un collectif de joueurs.

D'autres noms fonctionnent de façon similaire : *crew* (l'équipage), *family*, *government*, *staff* (le personnel) etc.

Dans le sens anglais-français, vous serez parfois amenés à souligner la nuance entre un emploi au singulier ou au pluriel, comme ci-dessous :

> *His family is very rich.*
> Sa famille est très riche.

> *His family have red hair.*
> Dans sa famille, tous ont les cheveux roux.

En traduction, la question se pose également de savoir comment traduire les pronoms et relatifs qui reprennent ce type de noms. Comparons :

> Le gouvernement, qui est devenu très impopulaire, se voit contraint de changer de politique.
> Le gouvernement, qui est devenu très impopulaire, tiendra sa première conférence de presse demain après-midi.

Si le groupe de personnes apparaît comme un tout, comme c'est le cas dans le premier exemple, vous opterez pour un relatif, un pronom ou un adjectif neutres :

> *The government, which has become very unpopular, is compelled to change its policy.*

En revanche, s'il est considéré du point de vue des membres qui le composent, (ici différentes personnes se présentant devant des journalistes) vous aurez un relatif, un adjectif ou un pronom de personne :

> *The government, who have become very unpopular, are holding their first press conference tomorrow afternoon.*

2. Le pluriel anglais traduit par un singulier

Lisez cette phrase :

> *Thomson and Thompson put on their hats.*

Comment la traduisez-vous ? Par : « Dupont et Dupond mirent leurs chapeaux. » ? Vous êtes alors tombé dans le piège ! En effet, si à chaque possesseur ne correspond qu'un seul élément possédé, le français utilise le singulier. Par contre, pour l'anglais, la présence de plusieurs éléments possédés entraîne le pluriel. La traduction correcte est donc :

> Dupont et Dupond mirent leur chapeau.

Songez également à cette différence idiomatique lorsque vous passez du français à l'anglais. Ainsi,

> Des milliers de personnes pourraient perdre la vie.

Sera rendu par :

> *Thousands of people might lose their lives.*

De fait, la logique de l'anglais veut que plusieurs milliers de vies soient en jeu.

B. Le genre

Dans la langue anglaise, le genre pose bien moins de problèmes qu'en allemand ou en français. Cependant, le traducteur inexpérimenté rencontre quelques difficultés et chausse-trapes que nous allons exposer ici.

1. Comment rendre la différence homme-femme

La différence est aisément établie grâce au masculin-féminin entre :

> Un secrétaire me fit entrer dans une toute petite pièce.

et

> Une secrétaire me fit entrer dans une toute petite pièce.

Vous vous demanderez comment la faire passer en anglais. Plusieurs possibilités se présentent à vous. Soit un pronom dans le contexte vous permettra de lever l'ambiguité. Soit il importe peu de préciser le genre — d'autant que cela est de plus en plus « politiquement incorrect » et pour tout dire sexiste, selon le principe que seule compte la compétence et non le sexe. Dans ce cas, vous vous satisferez de *Secretary*. Si vous estimez cependant qu'il est nécessaire de savoir si cette personne est un homme, vous utiliserez l'adjectif *Male* et vous écrirez :

> *A male secretary ushered me into a tiny room.*

Devant un substantif, vous recourrez éventuellement à *Male* ou *Female* : si vous désirez ainsi insister sur « Les étudiants » au sens masculin du terme, vous pourrez traduire par *Male students*. *Man* (*men*) et *Woman* (*women*), *Lady* (qui tend à devenir démodé), *Boy* et *Girl* servent également à marquer le genre et l'âge.

> Deux candidates ont envoyé leur CV.
> *Two women candidates have sent their CVs.*

Vous noterez à nouveau le pluriel anglais *CVs* pour un singulier en français.

> Il y avait 2 Chinois, 2 Japonaises et 3 petites Coréennes.
> *There were 2 Chinese, 2 Japanese women and 3 Corean girls.*

Remarque : S'écrivent en un seul mot *Frenchman(woman)*, *Englishman* ou *Dutchman*.

« Une romancière » deviendra A *lady/woman novelist* ; « Une professeure », pour utiliser le néologisme administratif, sera A *woman teacher* et « Une doctoresse » : A *lady doctor*, d'usage aussi limité que le terme français.

De l'anglais vers le français, vous veillerez à ne pas commettre de fautes d'inattention. Souvenez-vous de l'exemple donné dans le chapitre « Étude du texte à traduire » : le contexte montre clairement que dans la phrase *The driver reached for the cigarettes in the glove compartment*, driver doit être traduit par « La conductrice ».

Supposons enfin que vous rencontriez :

> *The nurse gave her an injection.*

Vous traduirez par « L'infirmier » si le contexte vous y oblige, sinon optez pour le féminin.

2. Comment rendre le genre des animaux

En dehors de toute relation affective, le neutre est de rigueur pour les animaux. Dans le cas contraire, ils peuvent être personnalisés.

> Une mésange bleue était toujours perchée sur le rebord de ma fenêtre. Elle picorait les miettes.
> *A blue tit was still sitting on my window-sill. It was pecking at the crumbs.*

Toutefois, si le sexe de l'animal est connu, ou qu'il soit devenu en quelque sorte un compagnon, rien ne s'oppose à ce qu'on puisse traduire :

> *A blue tit was still sitting on my window-sill. He/she was pecking at the crumbs.*
> Une mésange bleue — un mâle / une femelle — était toujours perchée sur le rebord de ma fenêtre. Il/elle picorait les miettes.

Il faut en tout état de cause prendre bien garde à ne pas utiliser par habitude le même genre qu'en français. Sauf indication contraire, les animaux, chers aux contes pour enfants, tels que souris, grenouilles, abeilles ou oiseaux, sont généralement masculins en anglais.

> La petite souris s'arrêta : elle entendit un drôle de bruit qui venait du placard.
> *The little mouse stopped—he could hear a funny noise coming from the cupboard.*

Si la nécessité s'en fait sentir, le sexe d'un animal peut être précisé à l'aide du préfixe *He* ou *She*. Ainsi, *a he-goat* et *a she-goat* se rendront respectivement par « Un bouc » et « Une chèvre ». Quant à la phrase :

> *Is your cat a he or a she?*

elle se comprend :

> Est-ce que c'est un chat ou une chatte ?

3. Comment rendre le genre des objets

Les objets sont de genre neutre, à l'exception notable des bateaux et quelquefois des voitures et autres véhicules avec lesquels leur propriétaire arrive à nouer certaines relations et qui peuvent donc être personnifiés.

> Il était sur le Titanic quand il a sombré en 1912.
> *He was on the Titanic when she sank in 1912.*

> Elle passe de 0 au 100 à l'heure en 11 secondes.
> *She does 0 to 100 in 11 seconds.*

La présence d'un féminin ne doit pas vous lancer sur des interprétations loufoques...

4. Comment rendre le genre des pays

À nouveau, le neutre est habituel, mais les pays peuvent également être personnifiés grâce au féminin :

> La France est fière du rôle qu'elle a joué dans la construction de l'avenir de l'Europe.
> *France is proud of the role she has played in the building of European future.*

5. Comment rendre le genre des abstractions

Les noms abstraits seront employés au masculin s'ils évoquent la grandeur, la puissance ou suscitent la peur. À propos du Temps, Shakespeare parle de *His scythe* — « sa faux » (Sonnet 100,14)

Les noms abstraits peuvent être féminins s'ils présentent des caractères généralement attribuées aux femmes — c'est le cas de « La Nature » — ou s'ils sont associés à des déesses : « La Destinée ».

> *Nature would not invest herself in such shadowing passion [...]*
> La Nature ne se laisserait pas gagner ainsi par une passion toujours plus sombre [...] (Shakespeare – *Othello*, IV, 1, 40)

B. Les pronoms

1. La traduction de « On »

La souplesse du pronom « On », dont les référents peuvent être multiples, explique son usage extrêmement fréquent. La difficulté pour le traducteur sera de retrouver ces référents afin de proposer l'équivalent anglais adapté au contexte. Voyons ensemble les divers emplois de ce pronom.

> *a. « On » inclut l'énonciateur*

▶ *L'inclusion est évidente :* **We**

« On » est utilisé en français courant — oral mais également écrit — avec le même sens que le pronom « Nous ».

> Papa, est-ce qu'on peut aller au cinéma cet après-midi ?
> *Dad, can we go to the cinema this afternoon?*

Dans un anglais très soutenu, *One* s'utilise en lieu et place de *I*.

> *How ungrateful! One took her in, fed her and cared for her...*
> Quelle ingratitude ! On l'a recueillie, nourrie, soignée...

▶ *L'inclusion est implicite :* **We/One/You** *construction avec* **To seem / To look / To sound**

« On » prend ici une valeur élargie. Il peut à nouveau être paraphrasable par « Nous » :

> On sait tous qu'on ne peut vivre sans amour.
> *We all know that we cannot live without love.*

Pour exprimer une généralité, existe le pronom *One*. Sachez cependant que son emploi relève d'un anglais très soutenu, voire guindé.

On ne peut s'empêcher de penser à ce qui aurait pu arriver.
One can't help thinking of what might have happened.

Dans un anglais courant, vous lui préférerez *You*.

You can't help thinking of what might have happened.

You, qui exclut *a priori* l'énonciateur, l'inclut finalement puisqu'il dénote une généralité que l'énonciateur prend à son compte.

Il est un autre cas où l'énonciateur, cette fois, présente une expérience personnelle comme pouvant être partagée par d'autres. Il en est ainsi pour l'expression « On dirait que ».

On dirait qu'il va pleuvoir.

Le locuteur observe un phénomène, et pense que d'autres personnes présentes arriveront à la même constatation. Diverses tournures anglaises s'offrent à vous :

*It looks as if / as though it is going to rain / as if / as though it might rain /
It looks like rain.*

Voici d'autres exemples :

On aurait dit qu'elle avait pleuré.
It looked as if / as though she had cried.

On dirait qu'ils sont fatigués.
They look/seem tired.

On aurait dit qu'ils étaient déçus.
They seemed as if / as though they were disappointed.

Le verbe *To sound* s'utilise pour parler de quelque chose que l'on entend.

On dirait que tu as le nez complètement bouché.
You sound all stuffed-up.

On dirait qu'il y a quelque chose de cassé à l'intérieur.
It sounds as if there is something broken inside.

On dirait une voiture de sport.
It sounds like a sports car.

La phrase anglaise indique clairement que le jugement est fondé sur le bruit du moteur. Par contre, si l'aspect rappelle celui d'une voiture de sport, vous aurez :

It looks like a sports car.

b. « On » exclut l'énonciateur

▶ **Le sujet est totalement indéterminé : Passif / Sujet animé / Forme impersonnelle**

Un procédé utile de traduction consistera à tourner la phrase au passif, ce qui nous permettra éventuellement de lui donner en même temps un sujet animé.

– Passif

On dit qu'elle est immensément riche.
It is said that she is immensely rich.
She is said to be immensely rich.

On nous fit entrer dans une salle basse de plafond.
We were ushered into a low-ceilinged room.

On demande Janet au téléphone.
Janet is wanted on the phone.

– Sujet animé

Dans certains cas, vous emploierez une structure à l'actif avec un sujet animé que vous choisirez selon le contexte :
Someone/Nobody/People/Some(people)/They/You.

On demande Janet au téléphone.
Someone is asking for Janet on the phone.

En Grande-Bretagne, on conduit à gauche.
In Great Britain, they/people drive on the left.

On ne t'a pas sonné !
Nobody asked you!

Alors, on est prêt maintenant ?
So, are you ready now?

À l'époque, on affirmait que la Terre était au centre de l'Univers.
At the time, people maintained that the Earth was at the centre of the Universe.

– Forme impersonnelle

On entendit un hurlement à vous glacer le sang.
There was a blood-chilling scream.

❿ *Le sujet est déterminé :* We

We est utilisé par certaines personnes lorsqu'elles s'adressent aux enfants ou à des malades.

Alors, on a pris ses médicaments Mme Wayne ?
So, have we taken our medicines Mrs Wayne?

2. Quels pronoms utiliser avec *Everyone* etc. ?

Lorsque le pronom renvoie à un indéfini tel que *Someone*, *Anybody*, *Whoever* ou à une personne dont le sexe n'est pas précisé comme c'est le cas avec les mots *Person*, *Child*, *Student*, un usage — parfois considéré comme incorrect par les puristes, mais désormais établi dans la langue tant écrite qu'orale — consiste à se servir de *They*, *Them*, *Their*. Le respect des règles voudrait qu'on utilise *He*, *Him*, *His*. D'autres, pour éviter toute connotation sexiste, préfèrent recourir à la structure *He or she*, *Him or her* — qui a l'inconvénient d'alourdir l'expression. Supposons donc la phrase suivante :

Si quelqu'un me demande, dites-lui que je suis avec le Président.

Pour que votre traduction ait l'air naturelle, vous opterez pour :

If anybody asks for me, tell them I'm with the Chairman.

Voyons cet autre exemple :

> L'important est que l'enfant soit conscient de ses devoirs.

Une solution — désagréable aux féministes d'outre-Manche et des États-Unis — serait :

> *The important thing is that the child should be aware of his duty.*

Une version plus consensuelle donnera :

> *The important thing is that the child should be aware of his or her duty.*

On peut aussi préférer :

> *The important thing is that all children should be aware of their duty.*

Concluons sur ce point avec la phrase que voici :

> Chacun pense être un bon citoyen.
> *Everybody thinks he is / he or she is a good citizen.*
> *Everybody thinks they are good citizens.*

3. Absence de pronom en anglais

Dans le passage du français à l'anglais, il est des cas, évoqués ci-dessous, dans lesquels vous ne traduirez pas les pronoms.

a. Proposition infinitive introduite par For

Une phrase française renfermant une proposition de but au subjonctif avec un pronom pour complément se rendra par une infinitive sans complément.

> J'ai apporté le rapport pour que vous le signiez, Monsieur.
> *I have brought the report for you to sign Sir.*

b. Proposition introduite par As

> Il ferma la porte d'entrée, comme il le faisait tous les soirs.
> *He locked the front door, as he did every night.*

> Comme je le disais à l'instant, je pense qu'il nous faut accroître nos investissements.
> *As I was just saying, I think we must increase our investments.*

c. Proposition comparative avec le verbe To be introduite par As ou Than

> J'ai bu beaucoup plus qu'il n'était raisonnable.
> *I drank a lot more than was reasonable.*

d. Proposition avec To be dont le sujet est une proposition introduite par What

> Ce que je veux savoir, c'est pourquoi elle m'a menti.

Le pronom démonstratif est un gallicisme, c'est-à-dire une tournure propre au français, qui ne peut donc passer telle quelle en anglais :

> *What I want to know is why she has lied to me.*

Ce qui me préoccupe, c'est qu'elle n'a pas encore trouvé d'emploi.
What worries me is that she hasn't found a job yet.

e. Verbes de parole, de pensée, de connaissance

En français, certains verbes s'accompagnent souvent d'un pronom que l'on ne retrouvera généralement pas en anglais.

Où est-ce que tu étais ? Dis-le moi !
Where have you been? Tell me!

Je lui ai posé la question mais il m'a dit qu'il ne le savait pas.
I asked him, but he told me that he didn't know.

Elle s'était maquillée mais Adrian ne le remarqua même pas.
She had put on make-up but Adrian didn't even notice (it).

4. Ajout du pronom *It*

a. Pour introduire un adjectif ou un nom

It sera utilisé pour amener un adjectif ou plus rarement un nom attributs d'un infinitif ou d'une subordonnée en *That* qui font fonction de complément. Cette tournure est fréquente avec *To find* et *To think*. Mais voyez plutôt l'exemple suivant :

Elle a du mal à nouer des relations avec les hommes.

Aucun pronom n'apparaît en français, contrairement à ce qui se passe dans la version anglaise :

She finds it difficult to relate to men.

Une autre illustration :

Je trouve vraiment dommage qu'il ait laissé passé cette chance.
I find it a shame that he missed that opportunity.

b. Dans diverses structures

Avec des verbes comme *To leave*, *To like*, *To owe*, le pronom *It* précédera le complément — qui peut être un infinitif ou une proposition subordonnée.

J'aime quand elle se met en colère.
I like it when she gets angry.

Je te laisserai trouver une bonne excuse.
I'll leave (it to) you to find a good excuse.

Je leur dois d'être aujourd'hui riche et célèbre.
I owe it to them that today I am rich and famous.

5. Les pronoms relatifs

a. Dans quels cas peut-on utiliser That ?

Le pronom relatif *That* s'emploie dans ce qu'on dénomme les relatives restrictives, c'est-à-dire celles qui déterminent, restreignent le sens de l'antécédent. Pour simplifier, disons simplement que *That* ne peut s'utiliser que dans les relatives nécessaires, autrement dit celles dont on ne peut se passer. Pour savoir si une relative est indispensable, il suffit de la supprimer et d'observer le résultat : si la relative n'apporte qu'une simple précision, son absence ne changera presque rien au sens global de la phrase. Afin de clarifier la question, passons en revue divers cas.

▶ La relative ne peut être supprimée sans que la phrase perde son sens

The guitar is the instrument that he likes best.

Enlevez la relative : la phrase devient absurde. Cela prouve que la relative est nécessaire. Vous pouvez donc utiliser *That*. Évidemment d'autres solutions restent possibles telles que l'absence de tout relatif, ou bien encore l'emploi de *Which*.

▶ La relative peut être paraphrasée par « Celui/celle/ceux/celles qui/que »

Where's the card that I sent you?

Je sous-entends : « Celle que je t'ai envoyée ».

▶ L'antécédent est précédé de certains mots ou formes

That est de règle après un superlatif, un quantifieur (*all*, *the only*), un nombre ordinal (*the first*), *the last*, *the same* (+ nom + proposition) ou la tournure *It is*.

It's the best / the only / the first book he has ever read.
It's George that they respected most.
It's the same boy that bullied Jeremy last year.

▶ L'antécédent est une expression temporelle

I'll never forget the day that they left.

Ici, *When* est également possible.

Remarque : *That* est le relatif qui s'impose lorsque les antécédents sont de genre différent.

These are the writers and the novels that I like best.

That est impossible après une préposition.

Nous avons visité la maison où est né Stendhal.
We visited the house in which Stendhal was born.

b. La traduction de « Ce qui / Ce que »

« Ce qui / Ce que » servent à reprendre non pas un mot mais tout un membre de phrase.

▶ « Ce qui / Ce que » annonce une explication : What (membre de phrase à droite)

Ce que je déteste le plus c'est de devoir attendre pendant des heures.

« Qu'est-ce que je déteste ? » : la réponse apparaît à droite, d'où :

What I hate most is having to wait for hours.

Illustrons la règle à l'aide d'un autre exemple :

Ce qui m'a surprise c'est qu'elle n'ait rien dit.
What surprised me is that she didn't say anything.

▶ *« Ce qui / Ce que » reprend une explication :* Which *(membre de phrase à gauche)*

Elle n'a rien dit, ce qui m'a surprise.

Posons-nous à nouveau la question : « Qu'est-ce qui m'a surprise ? » Cette fois la réponse se trouve à gauche.

She didn't say anything, which surprised me.

▶ *« Ce qui / Ce que » est utilisé avec « Tout » :* All that

That est généralement omis lorsqu'il apparaît en fonction de complément.

Tout ce que je sais, c'est qu'elle n'a rien dit.
All I know is that she didn't say anything.

Tout ce dont j'ai besoin, c'est d'une aide.
All I need is some help.

L'argent, c'est tout ce qui compte.
Money is all that matters.

c. La traduction de « Dont »

Le relatif « Dont » recouvre des sens et des emplois fort différents, qu'il importe de bien analyser afin de pouvoir trouver la meilleure traduction.

▶ *« Dont » exprime l'idée de possession :* Whose

N'oublions pas que *Whose* s'emploie aussi bien pour les personnes que les animaux, objets ou plus généralement les mots de genre neutre. Cependant, il existe aussi la tournure Nom + *Of which*

C'est la maison dont la toiture a été emportée par le vent.
This is the house whose roof was blown off.
This is the house the roof of which was blown off.

▶ *« Dont » exprime la manière :* The way

Je n'aime pas la façon dont tu t'habilles.
I don't like the way you dress.

▶ *« Dont » exprime la provenance :* From / Out of

Le pays dont je viens
The country I come from

Le bâtiment dont ils sortaient en courant
The building (which) they were running out of
The building out of which they were running

▶ *« Dont » exprime la partie d'un tout : Of which / Of whom*

Le sens est ici : « Parmi lesquels/lesquelles ».

Il a fait cinq films, dont deux sont des documentaires.
He has made five films, two of which are documentaries.

Il y avait 250 passagers dans l'avion, dont deux Norvégiens.
There were 250 passengers on the plane, two of whom were Norwegians.

▶ *« Dont » est complément prépositionnel d'un adjectif ou d'un verbe :*
Whom/Which/What/Ø

Pour la traduction de « Dont » dans cet emploi, voyez si le verbe ou l'adjectif anglais régissent une préposition et laquelle.

La personne dont tu parles
The person you are talking about

Ce dont j'ai rêvé toute ma vie
What I've been dreaming of all my life

Ce dont j'ai peur
What I'm afraid of

Ce dont tu as besoin
What you need

C. L'adjectif

En thème, vous rencontrerez un certain nombre de difficultés liées aux adjectifs. Nous allons voir ensemble les principales.

1. La place des adjectifs

En anglais, la règle ordinaire veut que l'adjectif se mette devant le nom qu'il qualifie. Il arrive toutefois que ce ne soit pas le cas.

a. L'adjectif épithète placé après le nom

▶ *L'adjectif est suivi d'un complément*

Toute personne adroite de ses mains peut monter cette maquette.
Any person clever with their hands can make this model.

Ils ont choisi un sujet très différent du nôtre.
They've chosen a subject very different from ours.

Ils ont un jardin plus grand que le nôtre.
They have a garden larger than ours.

Remarque : Les adjectifs *Different, Difficult, Easy, Impossible, Next, Similar* ainsi que les adjectifs au comparatif ou au superlatif peuvent se trouver à gauche du nom.

Nous savons que ce sera une question difficile à résoudre.
We know that this will be a difficult issue to solve.

▶ *L'adjectif est un participe passé*

Pour pouvoir être placé après le nom, il faut que le participe passé ait le statut d'un verbe et marque donc une action. Lisons l'exemple suivant :

Les enfants gâtés sont une plaie.

Ici, « gâtés » pourrait être remplacé par n'importe quel autre adjectif approprié : désobéissants, insolents etc. Il exprime un état et se place alors devant le nom, d'où la traduction :

Spoilt children are a nuisance.

Par contre dans :

Les enfants gâtés par leurs parents sont une plaie

aucun adjectif ne peut se substituer à « gâtés ». Ce dernier est le verbe de la tournure passive « qui sont gâtés » et exprime une action. Aussi aurons-nous :

Children spoilt by their parents are a nuisance.

▶ *L'adjectif qualifie un pronom dérivé de Some, Any, No*

Il n'y avait rien de nouveau dans l'enquête.
There was nothing new in the investigation.

Quelque chose d'horrible avait dû se produire.
Something terrible must have happened.

▶ *L'adjectif change de sens suivant qu'il est avant ou après le nom*

Prenons l'adjectif *Present* dans les phrases qui suivent.

The governors present were all men.
The present governors are all men.

Si *Present* signifie « Présent » il se place à droite du nom.

Tous les administrateurs présents étaient des hommes.

Lorsque *Present* a le sens de « Actuel » il se trouve à gauche du nom qu'il qualifie.

Les administrateurs actuels sont tous des hommes.

De même, *Proper* se met à droite s'il veut dire « Proprement dit » et à gauche quand on veut traduire « Véritable ».

La ville proprement dite.
The city proper.

Une vraie ville.
A proper city.

▶ *L'adjectif appartient à une expression figée.*

Nombre de ces expressions ont une origine française.

Le Prince Charmant.
The Prince Charming.

Le Secrétaire Général
The Secretary General.

Dieu Tout-Puissant
God almighty.

b. L'adjectif épithète est toujours placé avant le nom

Certains adjectifs ne s'utilisent jamais comme attributs. C'est le cas de *Little*, *Mere*, *Sheer* ou du mot argotique *Bloody*.

Little, qui a une valeur subjective, ne s'utilise pas pour une description purement objective. Pour cela, prenez *Small*.

> Cette maison est trop petite pour moi.
> *This house is too small for me.*

Mais :

> Une jolie petite maison.
> *A nice little house.*

> Ça n'était qu'une simple coïncidence.
> *It was a mere coincidence.*

> C'est de la pure folie.
> *It's sheer madness.*

> Quel est le foutu crétin qui a garé sa voiture ici ?
> *Which bloody idiot parked his car here?*

c. L'adjectif ne peut être qu'attribut

Les adjectifs pourvus du préfixe -*a*, ainsi que certains autres dont vous trouverez la liste ci-dessous, ne se rencontrent qu'en fonction d'attribut après des verbes tels que *To be*, *To look* ou *To seem* : *Afraid, Alike, Alive, Alone, Ashamed, Asleep, Awake, Content, Cross, Glad, Ill, Lit.*

En fonction épithète, vous recourrez à d'autres adjectifs (mis dans l'ordre correspondant aux adjectifs ci-dessus) :

Frightened, Lifelike, Living, Lonely, Shameful, Sleeping, Waking, Satisfied/ Contented, Angry, Drunken (et parfois *Drunk*), *Happy, Sick, Lighted.*

Remarque : Ces adjectifs peuvent également être attributs, à l'exception de *Waking, Drunken* et *Lighted*.

Lit est la forme obligée avec un adverbe.

Sleeping devient une forme verbale avec *To be*.

> Le conducteur était en état d'ivresse.
> *The driver was drunk.*
> Un conducteur en état d'ivresse.
> *A drunken/drunk driver.*

> L'enfant est malade.
> *The child is ill/sick.*
> Un enfant malade.
> *A sick child.*

> La salle-à manger était faiblement éclairée.
> *The dining-room was dimly lit.*
> Ils entrèrent dans une pièce faiblement éclairée.
> *They entered a dimly lit room.*

2. L'ordre des adjectifs

a. Caractéristiques subjectives et objectives

Si vous avez à traduire une série d'adjectifs accolés à un nom, vous respecterez l'ordre suivant :

Caractéristique subjective + Caractéristique objective + Nom.

Lisez la phrase que voilà :

Il la tenait pour une jeune femme égoïste.

« Égoïste » relève d'un jugement ; par contre, « Jeune » a une valeur objective. Nous aurons donc :

He regarded her as a selfish young woman.

b. Caractéristiques objectives

Pour ce qui est des caractéristiques objectives, l'ordre sera :

RTF/AACO[…]MU

pour :

Rapidité Taille Forme/Aspect Age Couleur Origine [Autres] Matière Utilisation.

Imaginons que vous ayez :

Une vieille veste de bûcheron en fourrure.

La version anglaise sera :

An old fur lumber jacket.

D'autres exemples :

Elle avait des cheveux blonds courts et frisés.
She had short, frizzy, blond hair.

L'ancien système [parlementaire] français.
The former French [parliamentary] system.

Ils promettaient une croissance économique rapide.
They were promising rapid economic growth.

Remarque : En anglais, l'adjectif ordinal précède toujours un adjectif cardinal.

Les deux premières/dernières journées ont été superbes.
The first/last two days have been gorgeous.

3. Comment lier les adjectifs

a. Les adjectifs attributs

Deux adjectifs doivent être liés par la conjonction *And*.

Madame Denys était petite et grosse.
Mrs Denys was short and fat.

S'il y a plus de deux adjectifs, une virgule sépare les deux premiers et la conjonction *And* les deux derniers.

Le petit Rodney était petit, gros et débraillé.
Little Rodney was short, fat and scruffy.

b. Les adjectifs épithètes

Trois cas peuvent se présenter.

▶ **Les adjectifs sont séparés par une virgule**

Si les adjectifs apportent une série de précisions par touches successives, ils s'emploieront liés par une virgule.

Un homme grand, élancé, ouvrit la porte.
A tall, slender man opened the door.

▶ **Les adjectifs sont reliés par And**

Lorsque des adjectifs ou des noms utilisés comme adjectifs décrivent des caractéristiques de même ordre (deux couleurs, deux matières ou deux fonctions), ils sont coordonnés.

Un drapeau noir et blanc.
A black and white flag.

Une crosse de carabine en argent et en cuivre.
A silver and copper rifle butt.

Des exercices sur l'orthographe et la grammaire.
Spelling and grammar drills.

▶ **Les adjectifs sont employés sans virgule ni conjonction**

Les adjectifs peuvent former un ensemble où l'on ne cherche pas à distinguer d'un côté telle caractéristique, d'un autre tel aspect : dans ce cas ils sont simplement accolés les uns aux autres.

Une église norvégienne en bois, d'époque médiévale.
A medieval Norwegian wooden church.

Le locuteur ne cherche pas à préciser que l'église est d'abord en bois, puis qu'elle se trouve en Norvège et enfin qu'elle date du Moyen Âge : elle est présentée comme étant tout cela à la fois. Voyons un autre exemple :

Une jolie petite maison.

Ici, on ne dit pas de la maison qu'elle est d'une part agréable et que par ailleurs elle est petite : ce n'est pas une description, et les deux caractéristiques sont intimement liées.

A nice little house.

4. L'adjectif employé avec *As, How, However, So, Too*

En traduisant du français dans un anglais soutenu, n'oubliez pas que les adverbes *How* (exclamatif), *So* et *Too* sont suivis de l'adjectif, de l'article défini ou indéfini puis du nom.
Entre parenthèses, vous trouverez une version plus courante.

a. As, How *(exclamatif)*, So, Too

Ce serait assurément une tâche trop difficile pour eux.
It would most certainly be too difficult a task for them.
(The task would certainly be too difficult for them.)

C'était une femme tellement belle !
She was so beautiful a woman!
(She was such a beautiful woman!)

Que le monde est petit !
How small the world is!
(It is such a small world / What a small world it is!)

Aussi épuisant qu'ait pu être le voyage, aucun n'abandonna.
Gruelling as the journey was, none of them gave up.
(Although it was a gruelling journey, none of them gave up)

b. How *(interrogatif) et* However

How (interrogatif) et *However* s'utilisent dans un anglais usuel.

Quelle est la longueur du Golden Gate ?
How long is the Golden Gate?

Aussi pressante que soit la demande, j'y résisterai.
However strong the demand, I will resist it.

D. Les prépositions

En traduction, la difficulté essentielle porte sur l'usage différent que le français et l'anglais font des prépositions. Il vous appartient donc de vous familiariser avec les structures idiomatiques du verbe, du nom et de l'adjectif en vous référant à une grammaire et par un apprentissage régulier.

Dans un premier temps, nous allons aborder ici la place que les prépositions anglaises prennent dans certains cas. Nous verrons ensuite quelques-unes d'entre elles qui se révèlent régulièrement sources d'erreurs pour le traducteur non averti. Nous vous renvoyons également au chapitre sur le gérondif — utilisé avec toutes les prépositions à l'exception de deux.

1. La préposition placée en fin de phrase

a. Dans les interrogatives avec Who(m), Whose, Which, What, Where

Construisez votre phrase en plaçant la préposition en fin de phrase, ce qui donnera à celle-ci un tour plus naturel.

À qui est-ce que tu parlais ?
Who were you talking to?

D'où vient cette musique ?
Where does this music come from?

Dans les interrogatives elliptiques, utilisez la même tournure :

— Je sors ce soir. — Avec qui ?
— I'm going out tonight. — Who with?

Remarque : Cependant cette règle ne s'applique pas lorsque la phrase traduit l'étonnement :

— Il s'est fiancé avec Phyllis. — Avec qui ? !
— He got engaged to Phyllis. — With who?!

b. Dans les relatives

La fille avec qui je travaille est sa cousine.
The girl I work with is his cousin.

C'est ce que je suis en train de regarder.
That's what I'm looking at.

Dans un style soutenu, vous aurez :
The girl with whom I work is his cousin.

Sachez qu'avec le pronom relatif *That*, la préposition se trouve obligatoirement à la fin de la phrase.

La personne à qui j'écris travaille pour le Ministère de l'Agriculture.
The person that I am writing to works for the Ministry of Agriculture.

En revanche, avec *Whom* ou *Which* vous aurez, dans un style soigné :

C'est la dame avec qui j'ai voyagé.
She's the lady with whom I travelled.

Ou, dans un anglais plus courant :

She's the lady (whom) I travelled with.

c. Dans les phrases au passif

Elle aime bien qu'on la regarde.
She likes being looked at.

Leur fils a été opéré pour une appendicite.
Their son was operated on for appendicitis.

d. Dans les tournures infinitives

Il n'est pas facile à vivre.
He is not easy to live with.

Il n'est pas extraordinaire physiquement.
He's not much to look at.

2. Quelques prépositions délicates

a. As et Like

L'étudiant d'anglais se heurte souvent à la traduction de « Comme » et hésite entre *As* et *Like*. Vous en trouverez ci-dessous les règles d'emploi, dont il faut préciser toutefois que l'anglais familier et l'américain s'affranchissent dans certains cas.

▶ **As**

– *As* + Fonction/rôle

Le nom qui suit la préposition peut se paraphraser par « En tant que ».

> Il a trouvé un travail comme consultant en informatique.
> *He got a job as a computer consultant.*

Notez que *As* est suivi de l'article indéfini si la profession est exercée par plus d'une personne. Par contre, voyez la phrase suivante :

> Elle a trouvé un travail comme secrétaire personnelle du patron d'une compagnie d'assurance.

Une seule personne remplit la fonction en question. Vous traduirez donc par :

> *She got a job as personal secretary to the boss of an insurance company.*

Profitons-en pour aborder l'emploi de *As* conjonction.

– *As* + Proposition

La conjonction est suivie d'un sujet et d'un verbe pour exprimer diverses notions.

a. *As* = Comparaison

> Comme la plupart des élèves, il aimait bien le nouveau professeur.
> *He liked the new teacher, as did most of the students.*

b. *As* = Because

> Comme je n'avais pas son numéro de téléphone, je n'ai pas pu la contacter.
> *As I didn't have her phone number, I couldn't contact her.*

c. *As* = While

> Comme j'entrais dans le salon, je remarquai une sacoche marron
> sur le manteau de la cheminée.
> *As I was getting into the living-room, I noticed a brown bag*
> *on the mantelpiece.*

– *As* + Préposition

> En 1940, comme en 1918, la France fut envahie.
> *In 1940, as in 1918, France was invaded.*

▶ **Like**

En anglais britannique correct, vous utiliserez *Like* uniquement comme préposition, c'est-à-dire jamais devant une proposition ni une préposition.

> Elle est chanteuse d'opéra, comme sa mère.
> *She is an opera singer, like her mother.*

Retenons donc cette règle : ***As* + Fonction, Proposition, Préposition.**

b. Across *et* Through

Ces deux prépositions expriment l'idée de « À travers » avec des nuances différentes.

▶ **Across**

La préposition *Across* traduit un mouvement sur une surface plane.

Il traversa la salle de bal à grands pas.
He strode across the ballroom.

▶ **Through**

La préposition *Through* traduit la notion de traverser en entrant d'un côté et en sortant de l'autre.

Une balle avait traversé son gilet.
A bullet had passed through his vest.

Ils traversèrent la ville.
They drove through the town.

Zorro se jeta par la fenêtre.
Zorro threw himself through the window.

c. For *et* During

For et *During* correspondent toutes les deux au français « Pendant » mais ne s'utilisent pas indifféremment.

▶ **For**

For répond à la question *How long* ? (Pendant combien de temps ?).

Il resta silencieux pendant quelques secondes.
He remained silent for a few seconds.

▶ **During**

During répond à la question *When* ? (Quand ?).

Je l'ai revue pendant les vacances.
I saw her again during the holidays.

Remarque : *During* et *For* signifiant « Pendant » s'utilisent toujours avec le prétérit jamais le *present perfect*.

d. For *et* Since

For et *Since* qui nous occupent ici sont la traduction de « Depuis ».

▶ **For**

For marque une durée.

Je la connais depuis deux ans.
I've known her for two years.

▶ **Since**

Since marque une durée + point de départ précisé dans la phrase.

Je la connais depuis 1994 / depuis mon enfance.
I've known her since 1994 / since my childhood.

Notez que dans le premier exemple avec *For*, le point de départ de l'action n'est pas précisé : il faut le calculer.

Remarque : Dans cet emploi, *For* et *Since* se trouvent soit au present perfect, soit au plu-perfect.

Chapitre 6

Les mots-pièges

I. Les faux-amis

Nous rappelons que les faux-amis sont ces mots de l'anglais qui ressemblent par leur orthographe ou leur prononciation à des mots français mais qui n'ont pas totalement, voire pas du tout, le même sens.

A. Dans la traduction français-anglais

Nous allons passer en revue quelques mots français, voir par quel mot anglais il ne faut pas les traduire (≠) et proposer une traduction qui ne saurait être exhaustive. Il importe donc de se référer à un dictionnaire.

– Actualité(s) [≠ *actuality*] :

    * news/current affairs : a current affairs programme / sports news

– Actuel [≠ *actual*] :

    * present : the present government
    * current : the current situation
    * topical : a topical issue

– Actuellement [≠ *actually*] :

    * at present : At present he is working in Uganda.
    * currently : This is currently the case with most NGO's.

– Ancient (au sens de « précédent) [≠ *ancient*] :

    * former/old : She phoned her former/old boyfriend.

– Assister à (un match, etc.) [≠ *to assist*] :

    * to attend : Will the chairman attend the meeting?

– Avertir [≠ *to advertise*] :

    * to tell : Have you told her that we will be late?
    * to warn : I did warn you, didn't I?
    * to inform : I thought his parents had been informed. In fact they did not know.

– Cheminée (dans une pièce) [≠ *chimney*] :

    * fireplace : There was a mirror over the fireplace.

– Collège [≠ *college*] :

    * comprehensive school (GB) / junior high school (US)

– Commune [≠ *commune*] :

    * municipality : The municipality is investing one million pounds in the project.

– Complet (dans le sens de plein) [≠ *complete*] :

    * no vacancies : There was a notice which said 'No vacancies'.
    * a full house : The theatre has a full house every night.

– Compréhensif [≠ *comprehensive*] :

    * understanding : She's been very understanding and sympathetic.

– Conférence (dans le sens de « exposé, cours ») [≠ *conference*] :

    * lecture : She gave a lecture on AIDS in sub-Saharan Africa.

– Confus (dans le sens de « gêné ») [≠ *confused*] :

    * embarrassed : 'Oh, sorry,' she said with an embarrassed smile.
    * you shouldn't have : How generous of you! You really shouldn't have!

– Confusion (dans le sens de « gêne ») [≠ *confusion*] :

    * embarrassment : She tried to hide her embarrassment.

– Décevoir [≠ *to deceive*] :

    * to disappoint : His parents were deeply disappointed at his poor results.
    * to let down : She felt extremely let down when she realised Nancy would not help her.

– Déception [≠ *deception*] :

    * disappointment

– Demande (lorsqu'il n'y a pas d'exigence) [≠ *demand*] :

    * request : We have received dozens of requests.

– Demander (lorsqu'il n'y a pas d'exigence) [≠ *to demand*] :

    * to ask : She asked to see the superintendent.

– Dispute (entre personnes) [≠ *to dispute*] :

    * argument : Michael and Jane had an argument last night.

– Se disputer [≠ *to dispute*] :

    * to argue : Jane and Michael are always arguing.

– Drame (au sens d'événement tragique) [≠ *drama*] :

    * tragedy : It is a real tragedy.

– Dramatique [≠ *dramatic*] :

    * tragic : It might have tragic consequences.

– Économie (au sens de « la science économique ») [≠ *economy*] :

    * economics : He teaches economics.

– Économies (au sens de « argent mis de côté ») [≠ *economies*] :

    * savings : Matt went to the bank and drew out all his savings.

  Remarque : « Économies » renvoie à l'argent qu'on veille à ne pas gaspiller.

– Éditer [≠ *to edit*] :

    * to publish : The book was first published in 1678.

– Éditeur [≠ *editor*] :

    * publisher

– Entreprise (au sens de « compagnie ») [≠ *enterprise*] :

    * company : a Chicago-based company

– Éventuellement [≠ *eventually*] :

    * possibly : Could you possibly give me a lift?

– Expérience (au sens de « expérimentation ») [≠ *experience*] :

    * experiment : Are experiments still performed on animals?

  Remarque : *Experience* : le fait d'éprouver quelque chose et d'élargir ses connaissances.

– Exposer (dans le sens artistique) [≠ *to expose*] :

    * to exhibit : She exhibits every year.

– Exposition (dans le sens artistique) [≠ *exposition*] :

    * exhibition : There is a superb exhibition on at the moment about Fra Angelico.

– Figure [≠ *figure*] :

    * face : She threw Laura's photo in his face.

– Formation (au sens « d'éducation ») [≠ *formation*] :

    * training : They were given training in how to use the new machines.

– Formidable [≠ *formidable*] :

    * terrific : Terrific! Thank you so much.

– Ignorer (dans le sens de « ne pas savoir ») [≠ *to ignore*] :

    * not to know : I didn't know you were of Italian descent.

– Impotent [≠ *impotent*] :

    * disabled : A disabled old man

  Remarque : *Impotent* signifie sexuellement impuissant.

– Inconvénient [≠ *inconvenient*] :

    * disadvantage : Its small size is no disadvantage.

– Informations (dans le sens de « nouvelles journalistiques ») : [≠ *information*]

    * news : I watch the news every day.

– Injurier [≠ *to injure*] :

   * to abuse : The two drivers started abusing each other.

– Issue [≠ *issue*] :

   * exit (dans le sens de « une sortie ») : An emergency exit.
   * way out (dans le sens de « solution ») : This is the only way out.

– Journal [≠ *journal*] :

   * newspaper

– Large [≠ *large*] :

   * wide/broad : a wide river / a broad-shouldered man

– Libraire [≠ *librarian*] :

   * bookseller

– Librairie [≠ *library*] :

   * bookshop

– Manifestation (au sens de « mouvement de protestation ») [≠ *manifestation*] :

   * demonstration : The students are going to hold a demonstration against racism.

– Manifester (au sens de « protester ») [≠ *to manifest*] :

   * to demonstrate : Their children were demonstrating against racism.

– Misère (au sens « d'extrême pauvreté ») : [≠ *misery*]

   * abject poverty : These people live in abject poverty.

– Monnaie [≠ *money*] :

   * change : Have you got any change for a five-pound note?

– Morale (au sens de « la notion du bien et du mal ») [≠ *moral*] :

   * morals : Politicians are said to have no morals at all.

– Moral (au sens « d'état d'esprit ») [≠ *moral*] :

   * good/bad spirits (individus) : She was obviously in very good/bad spirits.
   * morale (groupe d'individus) : Morale among teachers has reached an all-time low.

– Offrir (dans le sens de « donner en cadeau ») [≠ *to offer*] :

   * to give : They gave her a kitten for her birthday.

– Parent (au sens de « membre d'une même famille ») [≠ *parent*] :

   * relative : Only their closest relatives had been invited to the wedding.

– Passer un examen [≠ *to pass an exam*] :

   * to take an exam : She is taking a French exam next week.

– Pétrole [≠ *petrol*] :
   * oil : Oil prices are going down.

– Photographe [≠ *photograph*] :
   * photographer : Alan is a very good photographer.

– Photographie (au sens de « une image photographique ») [≠ *photography*] :
   * photograph : She showed me a photograph of her grandchildren.

– Politique (au sens de « mesures prises ») [≠ *politics*] :
   * policy : American foreign policy

– Préservatif [≠ *preservative*] :
   * condom : There is a condom dispenser in the toilets.

– Professeur (au sens de « professeur du secondaire ») [≠ *professor*] :
   * teacher

– Propriété (au sens de « domaine ») [≠ *propriety*] :
   * estate : They have bought a terrific estate in Corsica.

– École publique [≠ *public school*] :
   * state school : Do your children go to a state or a public school?
   Remarque : Les public schools britanniques sont des écoles privées.

– Raisin [≠ *raisin*] :
   * grape : Would you like some grape juice?

– Réaliser (un film) [≠ *to realise*] :
   * to direct : The film was directed by Francis F. Coppola.

– Régime (alimentaire) [≠ *regime*] :
   * diet : She has a balanced diet.

– Résumer [≠ *to resume*] :
   * to summarize : Could you summarize the first paragraph for us please?
   * to sum up : To sum up, I would say that…

– Sauvage [≠ *savage*] :
   * wild (au sens de « non domestique ») : Lions are wild animals.
   * unrestrained (au sens de « sans limites ») : Unrestrained capitalism
   * unauthorised/illicit (au sens de « interdit ») : Illicit selling

– Sensible [≠ *sensible*] :
   * sensitive/susceptible : Her skin is highly sensitive/susceptible to cold.

– Société (au sens de « entreprise ») [≠ *society*] :
   * company : a Chicago-based company

– Souvenir (au sens de « image mentale du passé ») [≠ *souvenir*] :

    * memory : Happy memories

– Spécial (au sens « d'un peu curieux ») [≠ *special*] :

    * peculiar : He seems to have very peculiar ideas.

– Spectacle (au sens de « représentation scénique, cinématographique etc. ») [≠ *spectacle*] :

    * show : Shall we go out tonight and see a show somewhere?

– Smoking [≠ *smoking*] :

    * dinner jacket / tuxedo (US) : He was wearing a white tuxedo.

– Susceptible (dans le sens de « qui se vexe facilement » [≠ *susceptible*] :

    * touchy/thin-skinned : Derek's terribly touchy/thin-skinned.

– Sympathique [≠ *sympathetic*] :

    * nice/likeable : He is a very nice/likeable man.

– Trafic (au sens « d'activités louches ») [≠ *traffic*] :

    * trafficking : Vladimir Krashnok is involved in arms trafficking.

– Voyage (pris dans un sens général) [≠ *voyage*] :

    * journey : It's a three-hour train journey from Fez to Rabat.

B. Dans la traduction anglais-français

Les mots suivis du signe : ≠ ne prennent jamais le sens qu'a le mot français ressemblant. En cela, ils sont de parfaits faux-amis. Les autres peuvent dans certains cas se rendre par le mot français apparenté mais nous ne donnons une traduction que lorsque celle-ci s'en éloigne.

– *Actual* [≠ actuel] :

    * Réel : The actual number of unemployed people is much higher.

– *Actually* [≠ actuellement] :

    * En fait / en réalité : I didn't actually ask her out but I will.

– *Advice* :

    * conseils : I am sure he will give you some good advice.

– *Agenda* [≠ agenda] :

    * ordre du jour : The security issue was high on the election agenda.

– *Apology* [≠ apologie] :

    * excuses : He sent a letter of apology.

– *To attend* [≠ attendre] :

    * assister à : 25,000 people were attending the match.

– *Benefit* :

* bienfait : Tourism would bring many benefits to the village.
* allocation : We are not entitled to housing benefit.

– *Cave* [≠ cave] :

* caverne : The Indian tribes buried their dead in nearby caves.

– *Chance* :

* hasard : The police found her completely by chance.

– *College* :

* faculté / université / établissement d'enseignement supérieur :
She has applied for a business college.

– *Commodity* [≠ commodité] :

* denrée : The country's most valuable commodities are coffee and cocoa.

– *Comprehensive* [≠ compréhensif] :

* complet/détaillé : Here is a compehnsive list of all the participants.

– *Conductor* [≠ conducteur] :

* chef d'orchestre : The conductor is D. Barenboïm.

– *Conference* :

* congrès/colloque : Professor Bypass will speak at a conference on heart
transplant.

– *Confidence* :

* confiance : He lacks self-confidence.

– *Confident* [≠ confidant] :

* confiant : Why aren't you more confident in yourself?

– *Confused* :

* désorienté : I was a bit confused—I didn't know what to say.

– *To control* :

* maîtriser : They can't control their three children.
* régler : The temperature can easily be controlled.

– *To cry* :

* pleurer : Poor girl! Why is she crying?

– *Curate* [≠ curé] :

* vicaire

– *Current* :

* actuel : Her current boyfriend is Robert Vine.

– *Deceive* [≠ décevoir] :

   * tromper : Why did you deceive her? Why did you lie to her?

– *Deception* [≠ déception] :

   * tromperie : I hate your lies and deceptions.

– *Defiance* [≠ défiance] :

   * défi : This will be interpreted as a gesture of defiance.

– *Delay* :

   * retard : They never apologized for the delay.

– *Deliver* :

   * mettre au monde : The baby was delivered by a fireman.
   * livrer : When will the new sofa be delivered?
   * prononcer : The president delivered an anti-American speech.

– *To demand* :

   * exiger : Doctors demand a rise in their fees.

– *Differences* :

   * différends : I am glad to say we have now resolved our differences.

– *Disgrace* :

   * honte/scandale : It's a disgrace!

– *Dramatic* :

   * spectaculaire : There's been a dramatic increase in the number
     of drug-related deaths.

– *Engaged* :

   * fiancé : She is engaged to Johnny Bloomberg.

– *To entertain* [≠ entretenir]

   * recevoir : They don't entertain much these days.

– *Eventually* [≠ éventuellement]

   * finalement : She eventually got married to Anthony Slyme.

– *Evidence* :

   * preuves : There was insufficient evidence.

– *Fastidious* [≠ fastidieux]

   * minutieux / méticuleux / très pointilleux sur l'hygiène : He is so fastidious
     that he washes his hands after shaking hands with strangers.

– *Fault* :

   * défaut : That's your only fault.

– *Figure* [≠ visage]

   * silhouette : Suddenly he saw a small female figure.

– *Fool* [≠ fou] :
   * idiot : You fool, you don't know what you're talking about!

– *Furniture* [≠ fournitures]
   * meubles : They sell English furniture.

– *Genial* [≠ génial]
   * cordial : She greeted them with a genial smile.

– *Hazard* :
   * risque : Eating contaminated food is a health hazard.

– *To indulge* [≠ être indulgent] :
   * se permettre / céder à : I often indulge my passion for the theatre.

– *Indulgence* [≠ indulgence] :
   * petit plaisir : Chocolate is my only indulgence.

– *Inhabited* [≠ inhabité] :
   * habité : Even some scientists thought that Mars was inhabited.

– *Injured* [≠ injurié] :
   * blessé : He was seriously injured in a car crash.

– *Intelligence* :
   * renseignements : Intelligence says that there might be an upsurge in terrorist attacks.

– *Journey* [≠ journée] :
   * voyage : A twenty-four-hour journey.

– *Large* :
   * grand : Why don't you buy a larger car?

– *Lecture* [≠ lecture]
   * cours/conférence : He gives lectures on English history.
   * sermon : His parents gave him a lecture on his carelessness.

– *Library* [≠ librairie]
   * bibliothèque : I've borrowed these books from the school library.

– *Licence* :
   * permis : He got his (driving) licence in 1934.

– *Locale* [≠ local] :
   * emplacement/endroit : They are trying to find a locale for the exhibition.
   * décor : The film's locale is a small village in Yorshire.

– *Locals* [≠ locaux] :
   * gens du coin : The locals are quite distant.

- *Location* [≠ location] :
    * localisation : The location of the hijacked plane only took a few minutes.
    * emplacement/lieu : I think we have found a suitable location
      for the exhibition.
    * extérieur(s) : All his films have been shot on location.

- *Luxury* [≠ luxure] :
    * luxe : These people live in luxury.

- *Material* :
    * tissu : I think I prefer the green material.

- *Miserable* :
    * très malheureux : She's been so miserable since her husband died.

- *Misery* :
    * grande détresse / supplice : What can people do to alleviate human misery?

- *Money* [≠ monnaie] :
    * argent : Could you lend me some money?

- *Notice* [≠ notice] :
    * pancarte : There was a notice which said 'No smoking'.

- *Occasion* :
    * événement : This will be a historic occasion.

- *Particular* :
    * difficile (à satisfaire) : Her daughter is a bit particular about her food.

- *To part with* [≠ partir avec] :
    * se séparer de : She refused to part with her furniture.

- *To pass an exam* [≠ passer un examen]
    * réussir un examen : Did she pass her exam?

- *Petrol* [≠ pétrole]
    * essence : We'd better fill up—we're nearly out of petrol.

- *Photograph* [≠ photographe]
    * photographie : He showed me nude photographs.

- *Place* :
    * endroit : This is the place where they are going to erect Thatcher's statue.

- *Prejudice(s)* :
    * préjugé(s) : Homosexuals face prejudice in many countries.

- *Preservative* [≠ préservatif]
    * (agent) conservateur : Our products are completely free from preservatives.

– *Pretend* :

* faire semblant : Stop pretending!

– *Professor* [≠ professeur du secondaire] :

* professeur du supérieur : Her father is a professor.

– *To propose* :

* demander en mariage : Are you going to propose (to her)?

– *To resent* [≠ ressentir] :

* ne pas accepter / ne pas admettre / ne pas supporter : She resents having to ask them for money.

– *To rest* :

* (se) reposer : Why don't we rest for a couple of hours?

– *To resume* : [≠ résumer]

* reprendre : She decided to resume her career at the age of 35.

– *To retire* :

* prendre sa retraite : He retired as Production Manager in 1999.

– *Route* :

* itinéraire : What route does the 19 bus take?

– *Savage* :

* féroce : Be careful—this is a savage dog.

– *Sensible* [≠ sensible]

* sensé/raisonnable : This would be the most sensible thing to do.

– *Stage* [≠ stage] :

* étape/phase/stade : At this stage it's still too soon to decide.

– *To support* :

* soutenir : They have always supported her.

– *Surname* [≠ surnom] :

* nom de famille : His surname is Bird.

– *Susceptible* [≠ susceptible] :

* sensible : She is very susceptible to emotional blackmail.

– *Sympathetic* :

* qui compatit / compréhensif / bienveillant : Her parents have been very sympathetic.

– *Vicar*

* pasteur : The vicar blessed the child.

II. Quelques mots délicats à traduire

A. Aussi

1. Aussi = également

a. Also

- Se place avant le verbe et son complément.
  Vous aurez aussi besoin de solides chaussures de marche.
  You will also need sensible walking shoes.

– Se place après le verbe *To be.*
  Il est aussi poète et musicien.
  He is also a poet and a musician.

– Se place après l'auxiliaire *To be* ou *To have.*
  Elle a aussi remporté le championnat de France.
  She has also won the French championship.

– S'utilise pour traduire l'expression : « Non seulement… mais aussi ».
  Il a non seulement oublié ses clefs mais il a aussi perdu les miennes !
  He not only forgot his keys but he also lost mine!

Remarque : Also relève d'un niveau de langue légèrement plus soutenu que ses deux synonymes.

b. Too

– Se place après le groupe nominal sur lequel il porte.
  He is a poet and a musician too.

Dans un anglais soutenu, *Too* peut se placer après le sujet :

  I too wondered whether we would win the next election.
  Moi aussi je me me demandais si nous gagnerions les prochaines élections.

c. As well

– S'utilise en lieu et place de *Too*, mais toujours en fin de phrase.
  He is a poet and a musician as well.

d. So

– S'emploie dans la tournure : « Moi etc. aussi ».
  — J'ai faim. — Moi aussi.
  — *I'm hungry. — So am I.*

Remarque : Dans l'anglais de la conversation, *Too* se rencontre fréquemment :

  — *I'm hungry. — Me too.*

2. Aussi : marque la comparaison

– Forme affirmative et interrogative : *As… as.*
  Il a été aussi stupéfait que moi.
  He was as amazed as I was.

- Forme négative : *Not as… as* ou *Not so… as*.

    Ça n'a pas été aussi facile que je le pensais.
    It has not been as / so easy as I thought.

- Dans l'expression : « Aussi bien ».

    Je n'ai pas gagné mais c'est aussi bien.
    I didn't won but it's just as well.

3. Aussi = Si/Tellement

- *So* + Adjectif/Adverbe.

    Je ne pensais pas que votre maison était aussi grande.
    I didn't think your house was so big.

Remarque : Dans un anglais plus familier, *That* est utilisé avec le même sens que *So*.

    Elle est trop jeune pour sortir aussi souvent.
    She's too young to go out that often.

Remarque : Notez, en anglais soutenu, la structure suivante :

    I have never seen so stupid a person.
    Je n'ai jamais vu quelqu'un d'aussi idiot.

- *Such* + Adjectif + Nom indénombrable ; *Such a* + Adjectif + Nom dénombrable.

    Je n'avais jamais mangé une nourriture aussi épicée.
    I had never eaten such spicy food.

    Je n'ai jamais entendu une histoire aussi stupide.
    I have never heard such a stupid story.

- Adjectif + *as* : exprime la concession.

    Aussi étrange que cela puisse paraître, je ne me sens pas du tout coupable.
    Strange as it may seem, I don't feel guilty at all.

4. Aussi = donc

- *So* ou (dans un anglais plus soutenu) *Therefore*

    Les pilotes étaient en grève, aussi a-t-on dû prendre le train.
    The pilots were on strike so we had to take the train.

B. En + Participe présent

La préposition « En » revêt des nuances variées que vous analyserez soigneusement afin de trouver la meilleure traduction possible.

1. « En » répond à la question « Comment / Par quel moyen ? » : *By*

    Il gagne sa vie en vendant des fruits et des légumes.
    He earns his living by selling fruit and vegetables.

« En » exprime également la simultanéité de deux actions comme dans les cas ci-dessous.

2. « En » + Participe présent répond à la question « Comment / De quelle manière ? »

a. « En » est traduit par un simple participe présent
Ils entrèrent tous en riant et en chantant.
They all walked in, laughing and singing.

Il s'est cassé la jambe en grimpant à un arbre.
He broke his leg climbing up a tree.

Une autre traduction donnerait :

He climbed up a tree and broke his leg.

b. « En » est traduit par une préposition + un nom
« Tu ne prendras pas ma voiture », dit-il en prenant un air mauvais.
' You won't take my car,' he said with a scowl.

c. « En » est traduit par une tournure résultative
Ils l'ont obligée à vendre sa maison en usant de menaces.
They threatened her into selling her house.

d. « En » est traduit par In *+ participe présent*
Cette tournure traduit l'idée qu'une action est la cause d'une autre.

En entrant dans les ordres, il renonça au monde.
In taking orders, he renounced the world.

e. « En » est traduit par From *+ participe présent*
Il a fait fortune en rachetant de vieux rafiots.
He made his fortune from buying old tubs.

f. « En » est traduit par If
La préposition a ici une valeur conditionnelle.

En réservant en ligne, on a un rabais de 20 %.
If you book on-line you get a 20% discount.

3. « En » répond à la question « Quand ? »

a. « En » introduit une action qui sert d'arrrière-plan à une autre :
As/When/While
En survolant la région, les archéologues remarquèrent des ruines inconnues.
As/When/While they were flying over the area, the archeologists noticed unknown ruins.

Remarque : Si « En » introduit une action de sens futur, vous utiliserez *Be + ING.*

J'espère que tu penseras à nous en dînant avec Sharon Stone.
I hope you will think of us as/when/while you're having dinner with Sharon Stone.

b. « En » traduit une action longue qui marque une évolution : As
En vieillissant, il eut tendance à s'isoler de la société.
As he grew older, he tended to cut himself off from society.

c. « En » est utilisée entre deux actions longues : While
Je lisais (j'ai lu) le dernier roman de Fante en attendant mon train.
I was reading (I read) Fante's latest novel while waiting for my train.

d. « En » est utilisée entre deux actions brèves : (Just) As / (Just) When
En arrivant à l'hôpital, nous vîmes Désirée qui nous attendait à l'entrée.
(Just) as we arrived at the hospital, we saw Désirée waiting for us at the entrance.

Je me le suis rappelé en sortant mon portefeuille.
I remembered (just) when I took out out my wallet.

e. « En » introduit une action immédiatement antérieure à une autre : On

En entrant dans la pièce, elle aperçut les Desmond.
On entering the room she saw the Desmonds.

C. En : pronom complément

1. « En » exprime une quantité

a. Se traduit par quantificateur
Il reste du jus d'orange. Tu en veux ?
There's some orange juice left. Do you want some?

— Donnez-moi 10 timbres à tarif prioritaire, s'il vous plaît. — Désolé, nous n'en avons plus.
— Give me 10 first-class stamps, please. — Sorry, we haven't got any left.

b. Se traduit par Of it/them
Malheureusement, il n'y en a pas beaucoup.
Unfortunately there aren't much of it / many of them.

Ils n'en avaient pas mangé la moitié.
They had not eaten half of it/them. **(suivant le contexte singulier ou pluriel)**

c. Ne se traduit pas
Servez-vous. Prenez-en quelques-unes.
Help yourself. Take a few (of them).

J'en ai acheté cinq paquets.
I've bought five packets (of it/them)

J'en ai pris trois.
I took three (of them).

2. « En » est complément d'un adjectif suivi d'une préposition

Dans ce cas vous devez utiliser la préposition qui accompagne l'adjectif anglais : celle-ci peut être différente de la préposition française.

Je pense qu'elle en est tout à fait consciente.
I think she is quite aware of it.

Le patron a lu son rapport mais il n'en est pas satisfait.
The boss has read her report but he is not satisfied with it.

3. « En » est complément d'un verbe suivi d'une préposition

Ici, il importe de ne pas tomber dans le piège qui consiste à construire le verbe anglais comme le verbe français.

a. Verbe transitif indirect en français → verbe transitif direct en anglais

Tu t'en es encore servi, hein ?
You've used it again, haven't you?

b. Verbe transitif indirect en français → verbe transitif indirect en anglais

Bien sûr qu'on en a parlé !
Of course we talked about it!

c. Verbe transitif indirect en français → verbe intransitif en anglais

Je m'en fiche.
I couldn't care less.

4. « En » exprime la provenance ou le moyen

a. La provenance / L'origine

Suivant les cas, le pronom « En » se traduira par une préposition + pronom ou ne se rendra pas.

— Est-ce que Claire est déjà rentrée de l'école ? — Elle en vient.
— Is Claire back from the school yet? — She is just back.

J'en suis arrivée à la conclusion que c'est une hypocrite.
I have come to the conclusion that she is a hypocrite.

Ils l'en tirèrent au bout de deux heures.
They pulled him out (of it) after two hours.

b. Moyen

La préposition *With* sera employée dans de nombreux cas.

Ils en font de la colle.
They make glue with it.

c. Cause

Selon les cas, « En » se rendra par une préposition ou ne se traduira pas.

Elle en meurt d'envie.
She is dying for it.

5. « En » est emphatique

Le pronom « En » est ici redondant et sert à renforcer le propos. Il ne se traduit pas, mais on peut essayer de rendre le niveau de langue plus familier si le contexte l'autorise.

Je n'en ai jamais pris, moi, de drogue.
I've never taken no drugs.

D. Encore

1. Exprime une notion de temps

Pour certains sens, voyez également le paragraphe G consacré à « Toujours ».

a. Encore : à nouveau = Again
Tu as encore laissé la lumière allumée !
You left the light on again!

b. Encore : l'action n'est pas terminée = Still
Ils espèrent encore qu'elle pourra venir le mois prochain.
They are still hoping that she will be able to come next month.

c. Encore : dans une phrase négative = Yet/Still

▶ **Yet** *(+ phrase négative)*

Ils ne lui ont pas encore annoncé.
They haven't told her yet.

Remarque : *Yet* se place en fin de phrase ou, dans un style écrit, juste après le verbe :

They have not yet told her.

Aucun des délégués n'a encore voté.
None of the delegates has yet voted.

▶ **Yet** *(+ phrase affirmative)*

– le sens est : « Même à ce stade avancé, l'action est accomplie ou peut s'accomplir ».
Nous pouvons encore réussir, aussi il nous faut tenir bon.
We can yet succeed, so we must hold on.

On espère encore…
There is hope for us yet…

– dans l'expression *Have yet to* : le sens est : « L'action peut être accomplie, mais cela sera difficile ».
I have yet to find an alibi.
Encore faut-il que je trouve un alibi.

▶ **Still** *(+ verbe négatif)*

Still prend une valeur de commentaire : l'action dure encore, d'où une nuance d'impatience ou d'agacement plus ou moins marquée.

Je n'ai pas encore trouvé ce que je recherche.
I still haven't found what I'm looking for.

2. Exprime un ajout

a. Encore : en plus / de plus = more/another

▶ **More**

Est-ce que tu veux encore de la soupe ?
Do you want some more soup?

Essayons encore une fois, tu veux ?
Let's try one more time, shall we?

▶ **Another**

Another s'utilise avec un chiffre ou *A few.*

Encore quelques jours / cinq jours et ce sera Noël.
In another few / five days it will be Christmas.

b. Encore : également = Also

Cela déstabilisera non seulement votre pays mais encore toute la région.
Not only will this destabilize your country but also the whole region.

3. Autres sens

a. Devant un comparatif = Even/Still

Il est encore plus mignon que je ne le pensais.
He is even cuter than I thought.

Remarque : Still se place également après le comparatif :

Je pense que ça serait encore mieux.
I think that would be still better/better still.

b. Avec un sens restrictif

Voici quelques exemples non limitatifs.

▶ *Encore : néanmoins* = **Even then**

Encore fallut-il attendre qu'ils vérifient nos bagages.
Even then, we had to wait for our luggage to be checked.

▶ *Encore : si seulement* = **If only**

Si encore tu arrêtais de te vanter tout le temps.
If only you would stop boasting all the time.

▶ *Encore : seulement* = **Only**

Il y a encore deux ans, il était simple vendeur de voitures.
Only two years ago, he was just a car salesman.

▶ *Encore que :* **Even if**

C'est un type très gentil, encore qu'il lui arrive de faire le lèche-bottes.
He's a very nice bloke, even if he can be a bit smarmy at times.

▶ *Encore : sert à insister =* **Now**

Où est-ce que j'ai encore mis mes clefs ?
Now, where did I put my keys?

c. *Avec un sens emphatique =* Yet

Malgré des rumeurs persistantes, David Beck a signé pour encore une autre année.
In spite of persistent rumours, David Beck has signed for yet another year.

Encore une fois, nous nous heurtons aux mêmes problèmes.
Yet again, we are facing the same problems.

d. *La plupart / La plus grande partie de*

▶ **Most** + **Nom**

Cette construction s'emploie avec un dénombrable renvoyant à une généralité, à un nombre important d'éléments.

La plupart des garçons sont passionnés par le foot.
Most boys are keen on football.

▶ **Most of** + *Déterminant* + *Nom* ; **Most of** + *Pronom*

Cette construction s'utilise avec un dénombrable renvoyant à un nombre restreint d'éléments, avec un indénombrable ou un pronom.

La plupart des garçons de ma classe sont passionnés par le foot.
Most of the boys in my class are keen on football.

Autrefois, il passait la plus grande partie de son temps dans les pubs.
He used to spend most of his time in pubs.

La plupart d'entre eux sont passionnés par le foot.
Most of them are keen on football.

Remarque : Jamais d'article devant *Most* pour traduire « La plupart de ». Un article indique que l'on a affaire à un superlatif.

F. Pour

1. Pour est suivi d'un infinitif présent

a. To / In order to / So as to : *exprime le but*

Je suis sûre qu'elle a abordé le sujet uniquement pour m'embêter.
I'm sure she brought up the subject simply to annoy me.

Remarque : À la forme négative, vous aurez : *Not to.*

b. For + ING : *exprime dans quel but est utilisé un objet*

Ils utilisent cette pièce pour y entreposer tous leurs vieux livres.
They use this room for keeping all their old books.

Remarque : Dans ce sens, *To* est également possible.

— À quoi ça sert ? —Eh bien, c'est pour dénoyauter les cerises.
— What is it for? — Well, it's for stoning the cherries.

c. So that / So / In order that : *exprime le but*

J'ai toujours une clef de rechange pour ne pas me retrouver à la porte.
I always keep a spare key so (that) I don't find myself locked out.

So (that), qui est plus courant que *In order that*, peut également être suivi du modal *Will* ou *Can* pour traduire l'idée de possibilité :

On part de bonne heure demain matin pour être à Exton avant 3 heures.
We're leaving early tomorrow morning so (that) we will/can be at Exton by 3 am.

Remarque : Si le verbe de la principale est au passé, *So (that)* est suivi de *Should, Would* ou *Could. Might* s'emploie dans un style littéraire.

Il mit ses gants pour ne laisser aucune empreinte.
He put on his gloves so (that) he would/should not leave any fingerprints.
He put on his gloves so (that) he could open the safe without leaving any fingerprints.

d. To be about to / To be on the point of

Pour + infinitif souligne ici l'idée d'une action sur le point de s'accomplir.

J'étais pour lui dire la vérité quand quelqu'un a frappé à la porte.
I was about to / on the point of telling her the truth when somebody knocked at the door.

e. For + *Complément* + *Proposition infinitive*

Vous trouvez ça normal pour une fille de 13 ans de découcher tous les soirs ?
Do you think it's normal for a 13-year-old girl to sleep out every night?

Ce type de construction est très fréquent avec la tournure *It is* + adjectif.

f. And + *Verbe conjugué*

Si deux phrases n'ayant entre elles aucun rapport de cause à effet sont liées par « Pour », vous les traduirez comme dans l'exemple que voici :

Elle s'éveilla pour s'apercevoir qu'elle était allongée sur un canapé.
She woke up and realized she was lying on a sofa.

g. Only + *Infinitif*

Cette tournure s'utilise lorsque deux phrases n'entretiennent aucun rapport de cause à effet et que la deuxième mentionne un fait aussi désagréable qu'inattendu :

Elle s'éveilla pour s'apercevoir qu'elle était attachée à un arbre.
She woke up, only to discover that she was tied to a tree.

2. Pour est suivi d'un infinitif passé

Vous utiliserez la tournure *For* + *ING* pour expliquer le motif, la cause de telle ou telle action.

Il a été condamné à 5 ans de prison pour avoir « calomnié le Président ».
He was sentenced to 5 years' jail for 'slandering the President.'

3. Pour que

a. So / So that

Reportez-vous à l'explication ci-dessus pour connaître les formes verbales employées après *So* (*that*).

Laisse l'enveloppe sur la table de la cuisine pour que Susan pense à la poster.
Leave the enveloppe on the kitchen table so (that) Susan remembers to post it.

b. For + *complément* + *Proposition infinitive*

– Cette tournure peut exprimer le but, comme dans l'exemple suivant :

I left a wedding-dress for it to be taken in.
J'avais laissé une robe de mariage pour une reprise. **(Littéralement « pour qu'elle soit reprise »)**

– La même construction, marquant cette fois une conséquence, se rencontre aussi avec un adjectif modifié par les adverbes *Enough* ou *Too* :

Ils parlent trop vite pour que je comprenne.
They speak too fast for me to understand.

G. Toujours

Pour certains sens, reportez-vous au paragraphe consacré à l'adverbe « Encore ».

1. Toujours : Tout le temps = *Always/Forever*

Ils pensaient que leur amour durerait toujours.
They thought that their love would last forever.

2. Toujours : Encore = *Still*

Elle vit toujours chez ses parents.
She still lives with her parents.

— Est-ce qu'il est marié ? — Non, toujours pas.
— Is he married? — No, not yet.

Notez la traduction suivante :

La nourriture est toujours aussi bonne.
The food is as *good as ever.*

H. Trop / Trop de

1. Devant un nom : *Too much / Too many*

On a trop de travail.
We've got too much work.

Il y avait trop d'invités.
There were too many guests.

Remarque : *Too many* s'emploie avec un adjectif numéral pour traduire « De trop » :

> Il y a une chaise / deux chaises de trop.
> *There's one chair / There are two chairs too many.*

2. Devant un adjectif / un adverbe : *Too*

> Cette chemise est trop grande.
> *This shirt is too large.*

Remarque : Notez la construction : *Too* + Adjectif + *a/an* + Nom utilisée dans un anglais soutenu.

> Ce serait une mesure trop radicale.
> *This would be too radical a measure.*

À la forme négative, *Too* doit parfois se traduire par « Très » :

> *She wasn't too pleased when he told her that she would have to work*
> *with Liz Parks.*
> Elle n'était pas très contente quand il lui a annoncé qu'il lui faudrait travailler
> avec Liz Parks.

3. Avec un verbe : *Too much*

> On travaille trop.
> *We work too much.*

Chapitre 7

Les références culturelles

I. Les noms propres
A. Les noms de personnes
1. Les personnages de fiction

Dans quelques cas, assez rares finalement, on peut essayer de rendre certains noms si l'aspect farfelu l'emporte sur celui de couleur locale. Cependant, le traducteur d'œuvres romanesques limitera ce genre de traduction, hésitant parfois entre plusieurs stratégies. Observons que celui de Harry Potter a choisi de traduire le nom anglais de la chatte du concierge de Poudlard en « Miss Teigne », tout en gardant d'ailleurs le mot Miss, mais Goyle — aphérèse de Gargoyle — est resté en l'état. Si Aunt Spiker, personnage de Roald Dahl, est devenue « Tante Piquette », Roberta Squibb n'a fait l'objet d'aucune tentative de francisation. Enfin, si Tintin conserve son nom, Dupont et Dupond s'appellent Thompson et Thomson dans la version anglaise.

De même, les titres : Madame, Mademoiselle, Monsieur ; Mrs, Miss, Mr ne seront pas traduits si l'on souhaite conserver au texte un caractère soit anglo-saxon soit français. Ainsi, le côté délicieusement anglais de Miss Marple transparaît-il dans son nom, gardé tel quel dans la version française de ses aventures ; M. de Norpoix, dans *À l'ombre des jeunes filles en fleur* ne se retouve pas affublé du titre de Mr de Norpoix.

2. Les personnages historiques

En ce domaine, il n'est pas de règle absolue : l'usage est roi. Si Napoléon ne perd qu'un accent et Staline que le « e » final pour s'écrire *Napoleon* et *Stalin*, Guillaume le Conquérant est connu outre-Manche sous le nom de *William the Conqueror* et Léonard de Vinci retrouve ses origines italiennes lorsque l'anglais l'appelle *Leonardo (da Vinci).*

B. Les noms de lieux

Ici encore, pas de « recettes ». Seule la pratique vous permettra de savoir que si, par exemple, Versailles garde son « s », Marseille ou Lyon en prennent un : *Marseilles*, *Lyons*, et que Reims s'écrit *Rheims*. Si la Champagne reste inchangée, la Bourgogne et son vin s'appellent *Burgundy* en anglais. Vous pouvez enfin vous rendre dans ces pays que les Américains, les Australiens etc. dénomment *The Argentine* ou *Argentina*, *Mexico* ou encore *Cyprus* quand nous allons en Argentine, au Mexique ou à Chypre.

Peut-être serez-vous amenés à vous poser la question pour les noms de places, boulevards et autres rues : là encore, n'y changez rien.

Madame Tussaud's is in Baker Street.
Madame Tussaud's se trouve dans Baker Street.

Et non pas : dans la rue Baker !
De même :

Nous habitions rue Victor Hugo / place du Général Bugeaud.
We used to live in the rue Victor Hugo / on the place du Général Bugeaud.

Remarque : Attention, cependant, aux faux-amis tels que *Alley*, qui est une ruelle ou *Avenue* qui peut aussi désigner une allée conduisant à une demeure.

C. Les œuvres artistiques

Les tableaux, romans, statues etc. les plus célèbres ont généralement une traduction fixée par l'usage. *Wuthering Heights* s'est gravé dans nos mémoires sous la version : *Les Hauts de Hurle-Vent* et pour un anglophone *À la recherche du temps perdu* sera *Remembrance of Things Past*. Nous pouvons enfin lire *À l'Ouest rien de nouveau* ou *All Quiet on the Western Front*.

En peinture, vous admirerez *The Raft of the Medusa* ou, en français, le *Radeau de la Méduse*, mais que vous soyez francophone ou anglophone vous aurez devant vous *Les Demoiselles d'Avignon* ou la *Venus de Milo*.

D. La presse

Les périodiques à grand tirage conserveront leur titre d'origine. D'autres, plus modestes, devront faire l'objet d'une explication. Imaginons un certain *Journal of Liverpudlian Notaries' Society* qui deviendrait avec profit : *Journal de l'Association des Notaires de Liverpool*.

II. Les éléments propres à une culture

Diverses opérations vous permettront de transposer ces éléments dans la langue d'arrivée.

A. L'emprunt

Un grand nombres d'éléments culturels pourront être conservés tels quels, mais ici encore c'est l'habitude de la traduction qui vous guidera. Par exemple, un anglophone a l'occasion de rencontrer les mots « Baguette » ou « Croissant » qui pour lui ont un sens et évoquent des saveurs bien différentes de celles que lui offre son quotidien. Par contre, « Pain aux raisins » ou « Pain d'épices » transposés en l'état ne lui diront rien : préférez alors deux autres techniques.

B. L'équivalence

On prenait du pain d'épice / un pain aux raisins avec du lait.
We used to have gingerbread / a Danish pastry with milk.

Bien sûr, le goût du pain d'épices et du gingerbread ne saurait être parfaitement identique et ce que les Britanniques appellent *Danish pastry* ne ressemble pas vraiment à un pain aux raisins, mais cela n'a guère d'importance au regard du souci de clarté. Voyez à présent :

Pearl is now in the seventh grade.

L'équivalence pour rendre ce niveau d'études dans le système américain sera :

Pearl est maintenant en cinquième.

Les mesures non métriques le deviendront dans la version française :

The nearest chemist's is 5 miles away.
Le pharmacie la plus proche est à 8 kilomètres.

Les *miles* peuvent encore évoquer une distance plus ou moins précise, mais que dire des *fathoms* ?

In 1715, the Maid of Brighton sank in 30 fathoms off the Brazilian coast.
En 1715, le Maid of Brighton sombra par 55 mètres de fond au large des côtes brésiliennes.

La taille et le poids nécessiteront eux aussi d'être traduits en termes compréhensibles :

He weighs 14 stone(s) and is 5 foot/feet, 7 inches.
Il pèse 88 kilos et mesure 1,70 m.

— What size do you take? — I'm a size 9.
— Quelle est votre pointure ? — Je fais du 43.

Les monnaies se convertissent si cela est nécessaire à la compréhension. Dans un contexte journalistique, économique, vous pouvez indiquer l'équivalence entre parenthèses.

The company has invested $1,500,000 in research and development.
L'entreprise a investi 1 500 000 dollars (environ 1 600 000 euros) dans la recherche et le développement.

Vous n'oublierez pas qu'au mot *Pound* (£) correspond un mot français.

He is going to spend 14,000 pounds / £14,000 on a new car.
Il va dépenser 14 000 livres pour une vouvelle voiture.

C. L'explication

Revenons au domaine culinaire et observons ceci :

De temps à autre, elle se laissait aller et s'achetait un pain au chocolat.

L'emprunt est impossible ; aucune équivalence ne semble appropriée : il nous reste à expliquer :

She occasionnally indulged in pastry with chocolate filling.

Voici un autre exemple :

Ensuite, elle irait à l'IUFM de Reims.
Then she would go to the teacher-training college of Rheims.

Voyez à présent cette phrase au style journalistique :

> Comment la place Beauvau réagira-t-elle à ces allégations ?

Beaucoup de Français ignorent eux-mêmes que les bureaux du Ministère de l'Intérieur se trouvent à Paris sur la place Beauvau. Un traducteur aura donc intérêt à expliquer cette métonymie.

> *How will the Ministry / the Minister of the Interior respond to these allegations?*

En tout état de cause, il faut bannir les équivalences. Ainsi, traduire en l'occurrence « Place Beauvau » par *Home Office* ou *Home Secretary* serait une erreur maladroite. De même, chercher à rendre « Matignon » par *Downing Stree*t serait ridicule.

> Matignon n'a pas souhaité faire de commentaires sur cette affaire.
> *The (French) Prime Minister declined to comment on the matter.*

Par contre, *Downing Street* est si connu qu'il pourra être conservé si l'on souhaite faire couleur locale.

> *Downing Street has announced that the Education Act will be introduced next month.*
> Downing Street a annoncé que le projet de loi sur l'éducation sera présenté le mois prochain.

D. La sous-traduction

Il faut évidemment distinguer la sous-traduction non voulue, qui est une erreur, de celle, consciente, pratiquée par le traducteur dans certains cas. À supposer que vous ayez la phrase suivante :

> *What are you doing on Presidents'Day?*

Traduire par « Le jour des présidents » n'a aucun sens pour un francophone. De même est inimaginable la solution suivante : « Qu'est-ce que tu fais le jour de congé du troisième lundi du mois de février qui célèbre l'anniversaire de George Washington et Abraham Lincoln ? » Vous devez donc opter pour une sous-traduction :

> Qu'est-ce que tu fais pendant le congé de février ?

Le traducteur d'un livre donnerait éventuellement une explication en note de bas de page, ce qui ne se fait pas en examen.

Les sigles et acronymes illustrent à eux seuls ces quatre opérations.

Ils resteront inchangés s'ils renvoient à des organismes etc. anglo-saxons bien connus : *The NASA, the IRA, the CIA.* Un certain nombre correspondant à des organismes internationaux etc. sont également entrés dans l'usage sous la graphie anglaise : *the Unesco, the Unicef, the GATT* ou encore VIP !

La plupart ont trouvé un équivalent français, les lettres les composant se retrouvant parfois simplement dans un ordre différent : *the OPEC* = l'OPEP, a

UFO = un OVNI, *the DNA* = l'ADN, *the IMF* = le FMI, *AIDS* = le SIDA, *NATO* = l'OTAN.

D'autres enfin devront être explicités, soit en étant conservés : *MI5* = MI5, équivalent de notre DST ; *MI6* = MI6, équivalent de notre DGSE, soit en étant supprimés : *PoWs* = prisonniers de guerre.

Chapitre 8

Petit rappel grammatical

I. L'usage des majuscules en traduction

Voyons quelques domaines où les règles françaises et anglaises diffèrent.

A. Les adjectifs de nationalité et de langue

En anglais, adjectifs de nationalité ou de langue prennent une majuscule.

> *An Englishman asked me the way.*
> *His English is very idiomatic.*

En français, les noms de langues s'écrivent en minuscules :

> Un Anglais m'a demandé le chemin.
> Son anglais est très idiomatique.

B. Les titres d'œuvres artistiques

En anglais, prennent une majuscule tous les mots d'un titre à l'exception des articles, prépositions et conjonctions qui ne sont pas en première position.

> *All Quiet on the Western Front*
> *For Whom the Bell Tolls*
> *The Red Badge of Courage*

En français, prennent une majuscule soit le premier substantif et éventuellement l'adjectif qui le précède, soit le premier mot, soit le premier et tous ceux considérés comme importants.

> à l'Ouest rien de nouveau / À l'Ouest rien de nouveau
> pour qui sonne le glas / Pour qui sonne le glas
> la Conquête du courage / La conquête du courage / La Conquête du Courage
> une Petite Vieille curieuse / Une petite vieille curieuse

C. Les noms de lieux

En anglais, tous les éléments de noms géographiques composés prennent une majuscule.

> *Mount Everest*
> *The Atlantic Ocean*
> *The Cape of Good Hope*

Le français ne met pas de majuscule aux noms de catégories géographiques :

> le mont Everest
> l'océan Atlantique
> le cap de Bonne-Espérance

Remarque : Les mots *Street*, *Square* etc. s'écrivent avec une majuscule quand ils sont accompagnés d'un nom propre, contrairement au français : « rue, place ».

> *Vermont Street*
> rue Vermont

D. Divers

En anglais, les noms de religions, de périodes ou grands événements historiques, d'entités politiques, des services de l'État, les titres suivis d'un nom de personne prennent une majuscule, contrairement à l'usage du français.

> *Catholicism ; the Battle of England ; the Republican Party ; the Department of Health and Social Security ; Pope John-Paul 2 ; Monday*
> le catholicisme ; la bataille d'Angleterre ; le parti républicain ; le ministère de la santé et de la sécurité sociale ; le pape Jean-Paul 2 ; lundi

II. Le pluriel des noms composés français

Nous ne verrons ici que quelques principes de base car il existe de nombreuses exceptions.

A. Verbe/Adverbe/Préposition + Nom

Seul le deuxième élément se met au pluriel si le sens le permet.

> Un coupe-vent ; un tire-bouchon ; un porte-bagages ; une arrière-boutique
> Des coupe-vent ; des tire-bouchons ; des porte-bagages ; des arrière-boutiques

B. Nom + Nom

> ▶ *Le deuxième élément dépend du premier (il est souvent relié au premier par une préposition) : seul le premier prend la marque du pluriel.*

> un pot-de-vin ; un arc-en-ciel
> des pots-de-vin ; des arcs-en-ciel

> ▶ *Autres cas : les deux éléments se mettent au pluriel.*

> un chou-fleur ; un chien-loup
> des choux-fleurs ; des chiens-loups

C. Adjectif + Adjectif

Les deux éléments se mettent au pluriel.

> Un sourd-muet
> Des sourds-muets

D. Nom + Adjectif ou Adjectif + Nom

Les deux éléments prennent le pluriel si le sens le permet.

> un rouge-gorge
> des rouges-gorges

III. Le pluriel des noms propres français

Comme pour les noms composés, l'usage fluctue, mais gardons en tête quelques règles simples. Les noms propres prennent la marque du pluriel dans les cas énoncés ci-dessous.

A. Ils désignent des familles à la célébrité ancienne

Les Habsbourgs sont une dynastie autrichienne.

B. Ils désignent des personnes célèbres qui représentent un type d'individu

Il ne naît pas tous les jours des Hugos ou des Shakespeares.

Remarque : Il arrive fréquemment que le singulier soit conservé.

C. Ils désignent des œuvres d'art qui représentent les personnages nommés

Des Cupidons étaient peints sur le pourtour de la coupole.

Dans les autres cas, les noms propres ne prennent pas la marque du pluriel.

Où sont les Napoléon et autres Alexandre ?
Il possédait plusieurs Picasso.
Ils invitèrent les Martin.
Il était le plus séduisant représentant de la dynastie des Kennedy.
De nombreux Hitler changèrent de nom à l'issue de la guerre.

Remarque : En anglais, tous ces noms prennent un « s » au pluriel.

IV. L'accord du participe passé

A. L'accord du participe passé avec l'auxiliaire « Avoir »

▶ *Le participe est précédé du complément*

Le participe s'accorde en genre et en nombre avec le complément.

Les vêtements qu'ils ont trouvés appartenaient à la victime.

▶ *Le participe passé est précédé du complément « En »*

Le participe ne s'accorde pas.

Des crêpes ? Ça fait des années que je n'en ai pas mangé.

▶ *Le participe passé est suivi d'un infinitif*

Le participe s'accorde si le verbe conjugué et l'infinitif ont le même sujet.

La femme que nous avons vue entrer… **(On peut dire : « Elle entra »)**
La femme que nous avons vu arrêter… **(On ne peut pas dire : « Elle arrêta »)**

B. L'accord du verbe pronominal au participe passé

▶ *Le verbe n'a pas de complément*

– « Se » n'est plus perçu comme un véritable pronom réfléchi :
Le participe passé s'accorde en genre et en nombre avec le sujet.

Ils/Elles se sont aperçu(e)s de leur méprise.

– « Se » est complément d'objet direct du verbe :
Le participe s'accorde en genre et en nombre avec le sujet.

Elle s'est retenue pour ne pas lui dire ce qu'elle pensait de lui.

Mais : « Elles se sont succédé dans son bureau ».

▶ *Le verbe a un complément d'objet direct*

– Le complément est placé avant le verbe :
Le participe s'accorde avec le complément.

Tu as vu la voiture qu'il s'est achetée ?

– Le complément est placé après le verbe :
Le participe ne s'accorde pas.

Elle s'est acheté une nouvelle voiture.

▶ *Le verbe pronominal est suivi d'un infinitif*

Le participe s'accorde si le verbe conjugué et l'infinitif ont le même sujet.

Leur chienne s'était laissée mourir. **(On peut dire : « La chienne mourut »)**
Elle s'est laissée emmener sans résistance **(On ne peut pas dire : « Elle emmena »)**

Deuxième partie

Have a try!

Chapitre 1

Approche du texte

I. Étude du texte

1. Repérez les points grammaticaux essentiels dans les phrases ci-dessous

a. Actuellement, la poudrière du Moyen-Orient, qui menace d'exploser depuis de nombreuses années, attend que sa mèche soit allumée par les uns ou les autres.

b. Rien ne se fera au Moyen-Orient sans bonne volonté mutuelle.

c. Les groupes extrémistes ne reculeront pas, comme l'a prouvé le dernier attentat.

d. Il y a deux jours, les infirmières se sont mises en grève.

e. Trop de circulation signifie encore trop d'accidents.

f. Vous ne devez pas oublier que de moins en moins d'Américains sont favorables à la peine de mort.

g. Les femmes afghanes sont-elles obligées de porter le voile en toutes circonstances ?Un conseiller bien choisi ne vous laissera pas faire ce genre d'erreur stupide.

h. À peine eut-elle mis la dinde au four que les invités arrivèrent.

i. Les autorités l'ont fait arrêter et envoyer en camp de travail.

2. Lisez la phrase en caractères gras et répondez aux questions posées

Rose and Phil walked in. **His hair was green ; hers was yellow.** *Their parents almost had a heart attack.*

a. Quel problème de traduction devez-vous résoudre ?

b. Quelle solution proposez-vous ?

II. Étude du lexique

1. Recherchez la traduction du mot en gras en veillant au niveau de langue

a. un mec b. un homme c. un gars d. un compagnon

Mr Heathcliff and I are such a suitable pair [...]. A capital **fellow**. (E. Brontë – 1848)

Hello, old **fellow**, where have you been?

What I still remember so clearly about that voyage is the extraordinary behaviour of my **fellow** passengers. (R. Dahl – 1986)

She told me she was going to the disco with her **fellow**.

2. Quel sens a le mot *station* ? Aidez-vous du contexte

Meet you at the **station** at 5, platform 3.

A busker got on at the next **station** and started playing the guitar.

Classes have been cancelled because our school is going to be a polling **station**.

The reception is not very good—tune in to another **station**.

A Marine took up his **station** in front of the weapons depot.

The man was taken to the **station** for questioning.

3. Quel est le sens du mot *lord* ? Aidez-vous du paratexte

By the 13th century, **lords** could exercise almost unlimited rights against their'villains. (*A History of England* – E.L. Woodward)

Two prominent drug **lords** arrested by special forces. (*Newsweek*)

I will remember the works of the **Lord**. (Bible – Psalm 77.11)

The only major change in the powers of the House of **Lords** came in 1911. (*Governing Britain* – A. Hanson & M. Walles)

Lord knows what I am going to do now! (Ms Millicent Herbert)

4. À quel registre appartient chacune des phrases ci-dessous ? Réfléchissez à une traduction

a. soutenu b. argotique c. courant d. journalistique e. administratif f. religieux

1. Brother Bob, would you please close that door?
2. Jesus Christ, shut that door Bob, can't you?
3. Bob, would you be so kind as to close the door?
4. Shut that door Bob, will you?
5. Bob asked to shut door
6. Bob is requested to close the door.

5. Quels éléments tirés du contexte vous aideront à traduire les mots en gras ?

The books were three weeks **overdue**. I took them back to the library this morning but the woman there told me it was too late. So I had to pay a £5 fine.

When she heard the teacher's effeminate voice one of the girls couldn't help **giggling** and it soon started the whole class off.

Be very careful. The poison of that snake is **lethal**.

Instead of **lounging around**, lying in the sun all day, you could help me, couldn't you?

The government has decided to set a ceiling of 3.4% on pay rises in the civil service. Trade unions immediately protested.

6. Aidez-vous du principe de collocation pour trouver l'équivalent français des mots en caractères gras

He's **raving** mad.

Pride turned out to be his Achilles'**heel**.

That's putting the cart **before the horse**.

That's only **the tip** of the iceberg.

It's **the icing** on the cake.

7. Redonnez à ces phrases un sujet animé

a. Utilisez le passif

1. **La loi vous oblige** à porter une ceinture de sécurité. *(obliger : to request)*

2. **L'argent l'a** toujours **obsédé**. *(obséder : to obsess)*

b. Utilisez une autre tournure afin d'éviter d'avoir un sujet inanimé.

1. **Ce film** m'a vraiment ennuyé.

2. **Le vent** les força à s'allonger.

c. Utilisez un verbe neutre.

1. Toutes nos chambres **jouissent** d'une vue magnifique.

2. La Côte d'Azur **jouit** d'une grande popularité auprès des touristes étrangers.

III. Usage du dictionnaire

1. Accolez à chacun des mots suivants l'étiquette appropriée. Trouvez l'anglais équivalent en vous aidant du dictionnaire

a. médical b. courant c. familier d. vulgaire

1. Elle a **vomi** sur la moquette.

2. Elle a **dégobillé** sur la moquette.

3. Elle a **gerbé/dégueulé** sur la moquette.

4. Elle a **régurgité** (son lait).

2. Identifiez le terme américain dans chacune des phrases ci-dessous. En cas de doute, vérifiez dans un dictionnaire

She is going to ask her boss for a) a **raise** b) a **rise**.

We'd better have a look at the a) **timetable** b) **schedule**.

I've left my a) **purse** b) **handbag** on the bench.

I've ripped my a) **pants** b) **trousers** on a nail.

We took the a) **elevator** b) **lift** to the 42nd floor.

I must remember to buy a) **dustbin** bags b) **garbage** bags.

3. **Des deux termes, quel est le plus désuet ?
   Vérifiez si nécessaire dans le dictionnaire.
   Proposez une traduction du même registre**

I used to listen to the a) **wireless** b) **radio** every morning.

The a) **flight attendant** b) **air-hostess** brought us some coffee.

He'll be here tomorrow with his a) **intended** b) **fiancée**.

A young a) **doctor** b) **lady doctor** was there waiting for them.

Lucy and Chris were a) **snogging** b) **necking** in the back of the car. (= to kiss)

4. **Dans quelle phrase allez-vous utiliser le mot *armchair* pour
   traduire « fauteuil » ? Pourquoi ? Aidez-vous d'un dictionnaire**

Qui hériterait du **fauteuil** de Cocteau à l'Académie Française ?

M. Alain Siloy devait occuper le **fauteuil** de la Commission des finances.

Il restait deux **fauteuils** de balcon pour la pièce de ce soir.

Grand-père s'était endormi dans son **fauteuil**.

Il arriva en **fauteuil** roulant.

IV. La formation des mots

1. **Choisissez le préfixe qui vous permettra de traduire
   le mot français à partir du radical donné**

   -age ; -ante ; -counter ; -dis ; -down ; -fore ; -im ; -in ; -over ; -semi.

a. Surenchère *(a bid)*

b. Rétrécissement *(to shrink)*

c. Infranchissable *(passable)*

d. À moitié conscient *(conscious)*

e. Précéder *(to date)*

f. Prévisionniste *(to cast)*

g. Incroyant *(a believer)*

h. Exagérer *(to do)*

i. Querelles internes *(to fight)*

j. Réduire les effectifs *(size)*

2. **Aidez-vous du sens du suffixe pour traduire le mot donné**

a. coastal *(the coast : la côte)*

b. breakages

c. backward *(a backward country)*

d. argumentative *(to argue : discuter)*

e. tagecraft *(the stage : la scène)*

f. diseased *(the disease : la maladie)*

g. trainee *(to train : former)*

h. golden

i. journalese

j. twofold

k. salt-free

l. a coachful of *(a coach : un car)*

m. manhood

n. childish

o. bluish

p. childless

q. wetness *(wet : humide)*

r. burglar-proof *(a burglar : un cambrioleur)*

s. crime-ridden

t. weatherwise *(weather : le temps)*

3. Formez des adjectifs composés à partir des indications données

a. Un avion qui vole vite *(Actif : to fly + fast)*

b. Une région viticole *(Actif : to grow + wine)*

c. Un plan quinquennal *(Chiffre : year + five)*

d. Être rouge comme une tomate *(Qui est : beetroot + red — a beetroot : une betterave)*

e. Une fleur qui sent bon *(Actif : to smell + sweet)*

f. Des gens qui partagent les mêmes idées *(Qui a : mind + like)*

g. Une rue à double sens *(Chiffre : way + two)*

h. La conception assistée par ordinateur *(Passif : to aid + computer)*

i. Un gros mot *(Chiffre : letter + four)*

j. La direction assistée *(Passif : to assist + power — direction : steering)*

4. Formez des adjectifs composés. Aidez-vous du dictionnaire pour les mots inconnus

a. Des trèfles à quatre feuilles

b. Une veste bleu foncé

c. Un jardin bien entretenu

d. Une chemise vert olive

e. Un homme qui a mauvais caractère

f. Une maison qui a l'air vieille

g. Une fille aux yeux bleus

h. Une grève de 24 heures

i. Une plante qui pousse vite

j. Un homme aux cheveux blancs

Chapitre 2

La phrase

I. Des structures différentes

1. Dans une phrase anglaise typique, quelle place auraient les éléments en caractères gras ?

a. **Jeune femme dynamique et pleine de mordant**, Mlle Wilson avait toujours eu beaucoup d'ambition.

b. Tout à coup, **surgirent** de derrière un pilier, deux hommes armés et masqués.

c. **Ce type**, sûr, je l'ai déjà vu quelque part.

d. Alors, **cette voiture**, tu l'as achetée ?

e. **Son mari**, le connaissait-elle vraiment ?

f. Vous ne pouvez pas, **à moins d'avoir une carte de membre**, utiliser les installations sportives.

2. Dans la phrase française, où pourriez-vous mettre les éléments en gras, en changeant l'ordre Sujet – Verbe – Complément ?

a. **In the class,** we all felt obliged to volunteer for that mission.

b. 'I have too many **mates**', he often said.

c. His lifelong ambition was **to become a French Doctor,** work in the Third World and help the local populations.

d. She has taken **acting and music lessons** since the age of five.

e. Bernadette **died in 1879** and was canonised 54 years later.

3. Quelle traduction donnerez-vous de la préposition « de » ?

a. Elle tremblait **de** peur à l'idée de cet entretien.

b. Des tableaux **de** Léonard de Vinci seront exposés à la National Portrait Gallery.

c. Il s'adressa à la foule **d'**une voix émue.

d. Sa blouse blanche était couverte **de** sang.

f. **De** colère, elle le gifla. *(Pensez aussi à l'ordre des éléments !)*

4. Choisissez parmi les mots suivants celui qui explicitera la ponctuation française

But ; So ; And ; Because.

a. Il la serra dans ses bras. Elle ne lui rendit pas son étreinte.

b. Elle ouvrit les yeux : elle vit l'infirmière qui lui souriait.

c. Désolé de n'avoir pas pu venir — j'avais un rendez-vous chez mon dentiste.

d. Je ne pense pas que j'y arriverai : j'ai un rendez-vous chez le docteur.

e. Tu es le délégué de classe : tu vas voir le directeur et tu lui demandes.

5. Remplacer par des formes verbales conjuguées les éléments en gras

a. Que **faire** ? Vous avez une suggestion ?

b. **Au retour de** leurs vacances, ils se rendirent chez leur médecin pour un examen médical complet.

c. La marée **étant descendue**, ils ramassèrent des coquillages sur la plage.

6. Traduire les formes conjuguées par des locutions nominales

a. **As soon they arrived**, they were mobbed by paparazzi.

b. **When the news broke**, there was a sudden hush.

c. **When he walked in**, they stood as one man and cheered.

7. Remplacez les relatives par une des solutions ci-dessous :

a. un participe présent b. une proposition coordonnée c. une incise sans verbe

a. Henry, **qui lui-même n'était pas croyant**, admirait ce prêtre courageux.

b. Tu vois le gars **qui parle à Jennifer** ?

c. Audrey ramassa son sac, **qu'elle posa sur ses genoux**.

II. Problèmes de ponctuation

1. Trouvez l'équivalent anglais pour chaque signe de ponctuation mise en caractères gras

a. La chambre était sombre, **humide, sentait** le moisi.

b. Les hommes sellaient les **mules, les femmes** chargeaient les carrioles.

c. Le taux de participation a été le plus élevé du pays avec **65,4** pour cent.

d. Elle m'a aidée à porter mes bagages et elle a appelé un **taxi. Vraiment** un ange !

e. Ça vous fera **5. 450,45** euros.

2. Quel signe de ponctuation utiliserez-vous en français ?

a. The window was open, **so** all the neighbours could look in.

b. They had brought all sorts of cakes **such as/like** apple pies, sponge cakes, tarts and éclairs.

c. We heard him mutter, 'There we go again —'

d. You're a — a slob ! That's what you are !

e. Sorry, I won't be able to make it to the party. I promised that — er —

f. 45.7 per cent of the people polled said they opposed the new law.

g. I made this model out of 15,642 matches.

h. He gave no explanation for his absence — he had no reason to do so.

i. If she finds your — .You know what I mean —

j. She started whimpering, 'Why should I always have to do the washing up ?'

III. Transcription d'un dialogue

Exercez-vous à retranscrire ce dialogue d'une langue à l'autre.

FRANÇAIS	ANGLAIS
— « Est-ce qu'il est là ?, supplia-t-elle. Dites-le moi. — Il est sorti. Il m'a juste dit : « Je reviens dans une minute. » Je pense que vous feriez mieux de partir. — Est-ce que je peux attendre ici, demanda-t-elle, jusqu'à ce qu'il revienne ? »	

IV. L'inversion

1. Transformez ces phrases pour les mettre dans un style plus soutenu en procédant à une inversion

a. The film had hardly started when the projector broke down.

b. He's not only a singer, but he's a very good impressionist as well.

c. I've seldom met such a funny person.

d. She had never been so happy in her life.

e. The study suggests in no way a link between this product and cancer.

2. Réécrivez les phrases suivantes dans un anglais courant en supprimant l'inversion

a. In the village square stood a wooden church.

b. Scarcely had we sat down for breakfast when she came downstairs.

c. Had I known that he was a liar I would not have trusted him.

d. Should you ever need any help, don't hesitate to contact us.

V. Les titres de journaux

1. Tranformez ces phrases en titres de journaux

a. 'More people will die from AIDS,'said a UN official.

b. The police headquarters have been hit by a mortar.

c. A nuclear plant is under threat of flooding.

d. The President is blamed for last year's rigged election.

e. There is a threat of strike in a Chicago car factory.

2. À partir des titres suivants construisez des phrases complètes

a. Government to cut income support

b. Technological revolution needed in Africa

c. Fighter plane violates disputed frontier

d. UN peace corps forced to retreat

e. Army attacks enemy's positions

3. Traduisez les manchettes suivantes

a. US military satellite to enter atmosphere, confirms NASA

b. Starving children impending tragedy

c. Paedophile ring scandal revelations

d. Food poisoning rumours confirmed

e. Fellini films disgusting, says religious leader

4. À quels films ces titres font-ils allusion ? Quels articles pourraient-ils annoncer ?

a. The Good, the Bad and the Guilty

b. Tar Wars

c. Raiders of the Prozak

d. Saddam the Barbarian

e. Prickly Woman

Chapitre 3

Les opérations de traduction

I. La transposition

1. Traduisez en transposant les termes en caractères gras selon les indications données

a. Nom → Verbe

I think he is gone for **lunch**.

She has made good **use** of her free time.

b. Verbe → Nom

As soon as the race **started**, …

Minutes after Saturn V **was launched**, …

c. Verbe → Adverbe

He **must** have forgotten our appointment.

— Somebody's knocking at the door. — That **will** be the neighbour.

d. Adverbe → Verbe

I have **just** met Mrs Wilkinson.

It'll **soon** get light.

e. Verbe → Adjectif

He chucked away the clothes he **used to** wear to work

f. Adjectif → Verbe

Do you really think that Mr Colston is **suitable** for the post?

g. Participe → Nom

During **working** hours.

h. Adjectif → Nom

In the **early** X^th century.

How **wide** is the river here?

i. Adjectif → Adverbe

He finds it **hard** to make a living.

j. Adjectif → groupe prépositionnel

A **heart-shaped** box.

A **homeless** person.

k. Adverbe → Affixe

Could you say that **again**, please?

About 10 years ago.

l. Adverbe → Groupe prépositionnel

… », she answered **cheekily**.

II. La modulation

1. Traduisez en modulant les expressions en caractères gras

a. I'd love to be **a fly on the wall** when Dolly tells Ralph she's smashed up the car.

b. **It's dog eat dog**. Survival of the fittest, you know…

c. I've been working like **a horse**.

d. She looked fresh as **a daisy**.

e. I don't understand a single word. It's **double Dutch** to me.

f. I wouldn't go back to school for all **the tea** in the world.

2. Opérez une modulation selon les consignes données

a. Cause/Conséquence

She is going to eat herself sick.

About fifteen cows were burned to death in the fire.

Remarque : Ici, le français mentionne d'abord la conséquence, puis la cause — à l'inverse de l'anglais.

b. Moyen/Résultat

A vacuum cleaner

Whipped cream

Remarque : « *Vacuum* » exprime le moyen (par le vide), ainsi que « *Whipped* » (à l'aide d'un fouet). « Aspirateur » traduit le résultat ; « Chantilly » est le nom du type de crème obtenu.

c. Partie/Tout

He broke off a chair leg.

It looks like we are now going to have a lot of work on our hands.

d. Partie / Autre partie

They are up to their eyes in debt.

e. Concret/Abstrait

They will give him a golden handshake. (*Littéralement : une poignée de main en or*)

The world is his oyster. (*Littéralement : son huître*)

f. Positif/Négatif

I am fully aware of the risks.

She looked very annoyed.

g. Pluriel/Singulier

Mr Blake, Andrew Paxton and Mrs Voigt had parked their cars on our lawn!

h. Verbe conjugué / Participe

When he walked into the church, he noticed that she was looking uptight.

Once they had arrived at Savill Manor, the two little girls brightened up a little.

III. L'étoffement

1. Étoffez les termes anglais apparaissant en caractères gras

a. Everyone **agrees** that the negotiations have reached a deadlock.

b. The question is **whether** our troops should be placed under American command.

c. She had no car but that wasn't **why** she didn't come to his birthday party.

d. We were all appalled to hear about **how** these children had been mistreated.

2. Étoffez les prépositions en caractères gras en suivant les consignes

a. Utiliser un verbe

1. Could you help Jason **with** his homework?

2. The Germans'plan was to invade France **through** Belgium.

3. The fence runs for 200 metres **along** his field and **round** the wood.

4. The tennis court is **for** the use of club members only.

5. This music is **from** the musical 'Cats'.

b. Utiliser un nom

1. This is for you — **from** Mark.

2. I had fifteen new recruits **under** me.

3. Recent developments **in** the limitation of nuclear weapons are promising.

c. Utiliser une proposition relative

1. The lady **behind** me tapped me on the shoulder.

2. The bodyguards **around** the President kept off the journalists.

3. The vase **on** the bedside table had been knocked over.

3. Étoffez les pronoms personnels, l'adjectif possessif et le pronom démonstratif en caractères gras

a. He looked at Debbie, then glanced at the baby. It was her child not **his**.

b. She cringed when she met Mrs Plum with her poodle. No, today she would not kiss **it** !

c. The central bank is going to cut interest rates by 0.5 % but I'm afraid **this** won't help much.

IV. L'effacement

1. Traduisez les phrases suivantes en effaçant le verbe en caractères gras

a. After lunch Grandaddy used to **walk** round the block.

b. Malcom **walked** over to the fireplace.

c. The sergeant ordered them to **stand** back.

d. I **stood** aside to let the nurse pass.

e. Two armoured vehicles **moved** into the town hall.

f. The mansion **sits** back from the road.

2. Effacez la particule

a. Grandma fell **down** some stairs and broke her hip.

b. Mr Flanders had spilt wine all **down** his shirt.

c. The photo had slipped **down** behind the sideboard.

d. I've already stuck **down** the enveloppe.

e. Walter hung **up** his coat and scarf and walked into the living-room.

3. Traduisez les phrases suivantes

a. He found it impossible to believe that she had behaved so rudely.

b. She found it difficult to relate to her mother-in-law.

c. She made it quite clear to me that she would lodge a complaint against us.

Chapitre 4

Le groupe verbal

I. Temps

1. Comment traduirez-vous le présent ?

a. Thomson intercepte la balle. À présent, il court vers les buts et personne ne semble pouvoir l'arrêter. Il court toujours… Il passe le ballon à Johnson !

b. Regarde, voilà tes parents qui arrivent !

c. — Et Jane, ça va ? — Oh oui, elle travaille comme caissière pour les vacances.

d. Je pèle l'avocat. Ensuite je le découpe en quartiers et j'enlève le noyau.

e. Excusez-moi, à quelle heure arrive le train de Londres, s'il vous plaît ?

f. Je prends l'avion pour Manchester demain.

h. Elle est toujours en train de pleurer.

i. La nuit, les températures tombent à moins 60 degrés.

j. Elle est beaucoup plus heureuse depuis qu'elle l'a quitté.

k. Elle parle français et hollandais.

l. Lord Jennings prend son fusil, vise le tigre et tire.

m. — Et si on jouait au poker ? — Bonne idée, j'apporte les cartes.

2. Comment allez-vous traduire l'imparfait ?

a. J'attendais depuis une heure quand elles arrivèrent.

b. En avril 1917, les États-Unis entraient en guerre.

c. Et si on allait au cinéma ?

d. C'était la première fois qu'elle rencontrait un membre de la famille royale.

e. Ils regardaient la télé quand le téléphone sonna.

f. Mon grand-père prenait un whisky après son repas.

g. S'il n'avait pas été là, je prenais le mauvais train.

h. Avant, j'aimais bien le thé, mais plus maintenant.

i. Il y avait deux filles qui dansaient sur une table.

j. Il dit qu'il trouvait ça trop difficile.

3. Trouvez une traduction pour le passé composé et le plus-que-parfait

a. Elle s'est assise, a pris la lettre et l'a déchirée sans même la lire.

b. Je suis sûre que tu n'as jamais vu autant d'argent.

c. Écoute, tu as de graves ennuis mais on t'avait averti, non ?

4. Traduisez les verbes au futur

a. Tu penses qu'elle sera fâchée si elle le sait ?

b. Elle accouchera en juin prochain.

c. Qu'est-ce qu'on fera l'année prochaine à cette même heure ?

d. Vous partirez tôt je suppose ?

e. — Je préférerais ne pas lui dire maintenant… — Tu lui diras maintenant, que tu le veuilles ou pas !

f. — Elle a l'air furieuse, non ? — Oui, Greg lui aura raconté toute l'histoire.

g. Je te raconterai quand ils seront partis.

5. Comment traduire le conditionnel ? Le subjonctif ?

a. Elle serait la femme la plus riche au monde.

b. Il aurait été recruté par des agents américains, bien qu'il ait toujours nié.

c. Elle aurait fait cette dissertation sans l'aide de personne.

d. Ils exigent / Il est nécessaire que les autorités soient informées.

6. Quel temps français pourriez-vous utiliser, suivant le contexte, pour traduire le prétérit ?

a. The door opened. It was Mrs Robertson. She looked stunned but I didn't care.

b. She always did her best to reassure him when she realized he felt worried.

c. She explained she phoned him two hours before it happened.

d. She locked the door before he could go out.

7. Par quels temps traduire le present perfect et le past perfect ?

a. She has been living with us for the last month.

b. We have had this dog for fifteen years.

c. Let me know when you have received an answer.

d. They had lived together for 22 years when they divorced.

e. As soon as he had closed the door, she burst into tears.

f. I wish he had asked me out.

g. She promised she would call us when she had arrived.

8. Appliquez la simplification des temps et traduisez les verbes en caractères gras

a. Je n'abandonnerai jamais tant qu'il y **aura** une lueur d'espoir.

b. Espérons que personne ne s'en **apercevra**.

c. Les garçons qui **tenteront** une fugue seront sévèrement punis.

d. Nous irons et peu importe ce qu'ils **diront** — nous ferons comme à l'accoutumée.

e. Peu m'importe où ils **iront** — tant qu'ils sont rentrés pour minuit.

f. Je parie qu'il **téléphonera** demain soir pour s'inviter.

9. Comment traduire les verbes au prétérit mis en caractères gras ?

a. They told the superintendent that they **saw** her once at the supermarket.

b. A few minutes after it **lifted** off, the rocket blew up.

c. I knew he would be sneaking again. I **told** you so.

d. They answered they would contact me when they **had** a vacancy.

e. I could never let down a friend who **needed** my help.

II. Modaux

1. Trouvez une traduction pour *can*

a. Can you play the saxo ?

b. He's getting old and he can't hear very well.

c. — Where did you find that watch? — I can't remember.

d. It can't be very late.

e. Most of these children could not read nor write.

f. Don't touch it. It could be a bomb.

g. I could smell something nasty in the car.

h. When she said she had found my purse, I could have kissed her!

2. Traduisez le modal *shall/should*

a. Shall I give her a ring before we leave ?

b. You shan't leave this room!

c. I should think it will take you about two hours.

d. I should have thought it was later.

e. Why should I be cross with her?

f. — I returned the article and I got a refund. — I should think so too !

g. — I made a terrible blunder. — I should think so…

h. If you should miss your plane, don't worry, you'll get the next one.

i. I took $200 in case I should have to find a hotel.

j. They withdrew some money so that they should not be strapped for cash.

k. I looked out of the window, and who should be standing at the gate?

l. She should worry for him—she dumped him!

3. Quel sens a le modal *will* ?

a. — The phone's ringing. — That'll be Stuart.

b. — The phone's ringing. — I'll answer it.

c. Will you come in? Doctor Philips will be here in a minute.

d. He won't let me drive the car—he says I'm too young.

e. Sometimes the lift will get stuck.

f. He will address me as 'Sir'. I hate that.

g. Pass me the book please, will you?

4. Trouvez la traduction de *would*

a. She wouldn't lend me £5. She said she was strapped for cash.

b. Would you pass me the pepper, please?

c. I wish she would try to understand.

d. I would rather leave early.

e. — Will you apologize? — I'd rather die.

f. When I was a child, he would tuck me in.

h. — He lied to me when he sait that he didn't know her. — He would.

i. He would be over 80 when he bought that sports car.

j. — There's a letter for you. — That would be André.

III. Le passif

1. Dans les phrases suivantes, justifiez l'utilisation du passif

a. Flight number 0700 to Vancouver has been delayed.

b. The minister's confession will be recorded on a video camera.

c. The book will be translated from Russian to English.

d. Maud and Louisa have been robbed of all their valuables.

e. He was put in prison and sentenced to three years in prison.

2. Lesquelles de ces phrases traduiriez-vous plutôt par un passif ? Pourquoi ?

a. M. Davidson, on vous demande sur la ligne 3.

b. On ne vous autorise pas à parler pendant les examens.

c. Quand on a vu ça, on a bien sûr appelé les pompiers.

d. Il faut le mettre immédiatement au courant.

e. La lettre de Simon se voulait rassurante, mais il n'en fut rien.

3. Traduisez ces phrases autrement que par un passif

a. It is often said that you must 'never put off till tomorrow what you can do today.'

b. This wine should be served at room temperature.

c. In fact, it is easier said than done.

d. The police were sent for.

e. Nothing really important was said at that conference.

f. She was told to come back later.

g. Her letters were never answered.

h. He was shot down over Dresden in 45.

4. Traduisez par un passif les tournures françaises apparaissant en gras

a. Ils pensaient qu'il avait caché l'argent dans son jardin.

b. Il se fera sûrement arrêter quand il franchira la frontière.

c. **On l'a retrouvé** errant dans les rues.

d. **Cette espèce ne se rencontre** que dans l'Arctique. *(Rencontrer = trouver)*

e. **Ce mur à besoin d'être repeint** / d'un coup de peinture.

f. **Il reste** un sandwich.

g. **Le nom de Pepys se prononce** « pips ».

5. Traduisez la préposition qui suit le passif

a. C'était une femme respectée de tous.

b. La boîte était remplie de bonbons.

c. L'affiche avait été barbouillée de peinture rouge. *(Barbouiller = to daub)*

d. En automne, ces arbres se couvrent de feuilles mordorées.

e. Elle avait été abandonnée de tous ses soi-disants amis.

IV. Would / Used to / Be used to

1. Traduisez *would / used to / be used to*

a. He used to send me a card for my birthday.

b. They would go fishing together.

c. The working conditions are better than they used to be.

d. She was used to skiing down very steep slopes.

e. I used to smoke two packets a day.

2. Choisissez entre *would / used to / be used to*

a. Il leur rendait visite tous les dimanches.

b. Avant, elle nous rendait visite tous les dimanches.

c. Elle était assise à regarder passer les gens.

d. Il est habitué à travailler de nuit.

e. Nous avions pour habitude de nous inviter pour la Noël.

f. Nous avions l'habitude de l'attendre car elle était toujours en retard.

3. Mettez à la forme interrogative et négative

a. He used to drink a lot.

b. She is used to working late.

c. I used to play *badminton*. *(Posez la question sur le mot en italiques.)*

d. *George* used to be a loving husband.

e. Martha is used to teaching her own children.

V. Les tournures exprimant le résultat

1. Réfléchissez à une traduction parallèle en suivant les consignes données

a. Traduisez le résultat (préposition ou adjectif) par un verbe

1. I don't understand how you can eat yourself sick.

2. The Mafia threatened him out of testifying. *(Traduisez* threatened *par un substantif)*

3. Her father had drunk himself to death. *(Traduisez* Drunk *par un substantif)*

4. I couldn't sit through the play—I was nodding off!

5. Granny is upstairs reading the children to sleep.

b. Traduisez sans exprimer le résultat

1. The soldiers threw up their helmets in the air.

2. Why don't you throw out your old clothes?

3. I signed on for five years.

2. Utilisez un chassé-croisé

a. Complet

1. They had to kick the drunkard out.

2. We would talk the afternoon away.

3. He is going to read himself blind if he goes on like that.

4. Captain Wilford staggered to the vehicle.

5. All these refugees have been bombed out.

b. Partiel (Ne traduisez que le résultat)

1. Could you knock this nail in?

2. She walked out and slammed the door.

3. If the gas leaks out, it can be very dangerous.

4. She put on her hat, got on her bicycle and rode off.

5. Overnight the water soaked through the canvas.

6. They were all there when the ship sailed into the harbour.

3. Trouvez une traduction idiomatique

a. Government policy can boil down to one word—'Resolve'.

b. Their help added up to some worthless advice.

c. The workers clock in at 6.30 every morning.

d. Sylvia was dolling herself up for the ball.

e. He spent his days tinkering about—mending old motorbikes or clocks and so on.

VI. Les verbes à particule

1. Avez-vous affaire à une préposition ou une particule ? Proposez une traduction

a. Thousands of people are still **flooding out** of Afghanistan.

b. Thousands of people have been **flooded out**.

c. The child would **pick up** to twenty apples.

d. The child would **pick up** an apple.

e. Let's **talk** about the differences between us **out** in the garden, shall we?

f. Let's **talk out** the differences between us in the garden shall we?

g. He **owned up** to his crime.

h. He **owned up** to ten shops.

i. The population was **kept under** by constant police surveillance.

j. The population was **kept under** constant police surveillance.

2. En vous aidant du sens concret ou figuré de la particule, retrouvez le sens du verbe *to get*

a. The two men got away.

b. She is going to look for a job when she gets back.

c. I moved aside to let the doctor get by.

d. I can't get by on $1,000 a month.

e. His dissertation won't get by.

f. He got down on his knees and started to pray.

g. The President's speech did not get across.

h. We can get along without you, thank you.

i. Get off your shoes, will you?

j. Two passengers got off.

k. We got off at three yesterday morning.

l. How is your essay getting on?

m. I'd like to get it through to him that he must see a doctor.

n. I'd like to get this job through by Friday.

3. Trouvez la particule qui convient pour traduire les élements en caractères gras

a. **Monter** en boitant

b. **Entrer** d'un pas lourd

c. Se laisser **tomber** comme une masse

d. Chantonner **sans arrêt**

e. **Réduire** après ébullition

f. **Continuer** à lire

g. Lire **en entier**

h. Faire **changer** d'avis

i. **R**essasser

j. **Dé**coller (fusée)

VII. Les verbes pronominaux

1. Traduisez les verbes pronominaux en suivant les indications données

a. Verbe + adjectif possessif

1. Il s'est blessé à l'épaule.

2. Elle s'est cassé le bras.

3. Elle se peignait devant sa glace.

b. Verbe réfléchi

1. Il se parle souvent tout seul.

2. Elle se soigne avec des antidépresseurs. *(Voir plus bas : Can + passif)*

3. Je me suis dit que ça n'avait pas d'importance.

4. Il s'est tué par désespoir. *(Voir plus bas : To get + passif)*

c. Verbe intransitif

1. Je me suis rappelé tout à coup que c'était leur anniversaire de mariage.

2. Ça ne me dérange pas.

d. Verbe transitif direct

1. Je ne me souviens pas d'avoir dit ça.

2. Ils ne s'apercevront de rien.

e. Verbe transitif indirect

1. Le petite Julie se plaint d'un mal de tête.

2. Qui va s'occuper des enfants ?

3. Ces animaux se nourrissent de fourmis.

f. Verbe au passif

1. Ça ne se dit plus.

2. Ils se sont vu offrir une voiture toute neuve.

g. Get + passif

1. Il s'est tué dans un accident de voiture. *(Voir plus haut : verbe réfléchi)*

2. Ils se sont fait battre par l'équipe adverse.

3. Quand est-ce que votre fille se marie ?

h. Can + passif

1. Ce mot se prononce de plusieurs façons.

2. Une otite se soigne par antibiotiques. *(Voir plus haut : verbe réfléchi)*

    i. Verbe + pronom réciproque

1. Les deux communautés se haïssent.

2. Nous nous sommes échangé nos adresses.

    2. Dans quelles phrases le verbe *se faire* correspond-il à : un passif, un réfléchi, un transitif direct, un intransitif ?

a. Ça ne se fait pas, point à la ligne !

b. Sa voix se fit enjôleuse.

c. Elle s'est fait agresser.

d. Il se fait tard.

e. On ne pouvait pas se faire entendre.

f. Pourquoi est-ce que tu t'en fais ?

g. Il s'est fait mal.

h. Ils se font un tas d'argent.

VIII. Les tournures elliptiques

    1. Le locuteur recherche une information : retrouvez le Tag. Proposez une traduction autre que « N'est-ce pas »

a. She is English, ……….

b. We could send her a birthday card, ……….

c. They can't win the championship, ……….

d. She sings better than Gladys, ……….

e. It wouldn't be fair, ……….

    2. Le locuteur demande confirmation : quel sera le Tag ? N'utilisez « N'est-ce pas » qu'une seule fois

a. She is English, ……….

b. They go back to Ireland every year, ……….

c. She is a schoolteacher, ……….

d. He didn't apologize, ……….

e. You wouldn't let me down, ……….

    3. Le Tag traduit une réaction du locuteur ou de l'interlocuteur. Comment le traduirez-vous ?

a. — He is a genius. — ……….

b. — She can speak four languages. — ……….

c. — I have not taken your jumper. — ……….

d. — He's the greatest living artist. — ....

e. — So you are a close friend of Bill Clinton, ...

f. — You took her out to the most expensive restaurant, ...

4. Le Tag exprime l'assentiment de l'interlocuteur. Proposez une traduction

a. — She sings beautifully. — Yes, ...

b. — He behaved like a hero. — Yes, ...

c. — She is so generous. — Yes, ...

d. — It would be lovely. — Yes, ...

e. — She was really pleased. — Yes, ...

5. Retrouvez le Tag

a. Correspondant au sujet

1. No one saw Rosie, ...

2. Someone let the dog in, ...

3. Nothing I could say would convince them, ...

b. Suivant l'impératif

1. Let's have a drink, ...

2. Stub out your cigarette, ...

3. Close the door, ... *(demande polie)*

4. Stop arguing, ... *(agacement)*

c. Après I am

1. I'm innocent, ...

2. I am not fired, ...

6. Donnez et traduisez la tournure elliptique suivant les indications données

a. Confirmation

a. — She's a very selfish girl. — Yes, ...

b. — He behaves rather oddly. — Yes, ...

c. — You didn't send for a doctor. — No, ...

d. — She treats us like dirt. — So ....

e. — I hope you will apologize. — Of course, ...

b. Confirmation et comparaison : traduisez les éléments en caractères gras

a. — Pour Noël, j'irai chez mes parents. — **Moi aussi**.

b. — On a passé la soirée d'hier sur ce fichu devoir. — **Nous aussi**.

c. — Je n'avais jamais éprouvé une telle sensation. — **Moi non plus**.

d. — Personnellement, je ne refuserais pas une telle proposition. — **Elle non plus**.

e. — Elle prend souvent l'avion.— **Lui aussi**.

7. Traduisez les éléments en caractères gras

a. — Est-ce que je vais avoir une amende ? — **J'en ai peur**.

b. — Est-ce qu'elle a réussi à les joindre ? — **Je suppose que oui**.

c. — Tu seras là pour Noël ? — **Je crains que non**.

d. — Il n'a pas oublié, au moins ? — **J'espère que non**.

8. Exprimez la contradiction en traduisant les mots en caractères gras

a. — Tu ne leur rends pas souvent visite. — **Mais si**.

b. — Tu ne resteras pas toutes les vacances ? — **Si**.

c. — Elle a compris la leçon. — **Non, elle n'a pas compris**.

d. — Il pourraient travailler à mi-temps. — **Non, impossible**.

e. — Elle n'est pas obligée de se rendre à l'embassade. — **Si**.

9. Traduire les mots en gras exprimant l'opposition

a. — Je ne crois pas aux extraterrestres. — **Moi si**.

b. — Il n'a pas été vraiment contrarié. — **Elle si**.

c. — Nous avons été très contents du résultat. — **Pas nous**.

d. — Elle est d'accord, non ? — **Oui, mais pas lui**.

e. — Tu verras, ils gagneront. — **Oui, mais pas nous**.

10. Trouvez la tournure elliptique correspondant aux éléments en caractères gras

a. — Elle a été émerveillée. **Pas toi ?**

b. — Il est passionné de tennis. **Et toi ?**

c. — J'ai adoré cette pièce. **Pas toi ?**

d. — J'irai probablement. **Et toi ?**

e. — Je ne ferais jamais une telle promesse. **Et vous ?**

11. Donnez la tournure elliptique qui traduira les mots en caractères gras

a. — Est-ce que vous aimeriez partir en croisière ? — **J'adorerais**.

b. — Elle veut émigrer en Australie. — **C'est ce que j'ai entendu dire**.

c. — Tu aurais décidé de quitter ton boulot ? — **Qui est-ce qui dit ça ?**

d. — J'ai été arrêté pour excès de vitesse. — **Je te l'avais dit**.

e. — Elle l'a mal vécu. **C'est ce que ses amies ont dit**.

IX. Comment traduire l'infinitif

Trouvez la traduction appropriée pour chacun des infinitifs en caractères gras

a. Elle veut se laisser **pousser** les cheveux.

b. Ses blagues idiotes me font **rire**.

c. Tu n'as pas besoin de lui **raconter**.

d. Je les ai entendus **monter** l'escalier sur la pointe des pieds.

e. Il n'y a pas grand-chose qu'on puisse faire si ce n'est **attendre**.

f. Ils recommandent de **prendre** de bonnes chaussures.

g. Elle n'en a rien à faire de **perdre** son boulot.

h. Ces rideaux ont besoin d'**être lavés**.

i. J'aimerais **retourner** en Turquie à Pâques.

j. **Conduire** aussi vite, c'est vraiment de la folie.

k. Elle aime **aller** au cinéma avec des amis.

l. Ils se sont vu **refuser** l'entrée.

m. On n'arrivait pas à se faire **entendre** dans ce vacarme.

n. Elle n'exige rien d'autre que de **voir** son dossier médical.

o. Pourquoi **appeler** un médecin ? Ça ne servirait à rien.

p. Est-ce que tu as pensé à (= est-ce que tu t'es rappelé d') **acheter** le journal ?

q. Je ne me rappelle pas t'**avoir dit** ça.

r. Mais lui, d'**insister** lourdement. (To labour the point)

s. Que **dire** ?

t. **Mettre au frais** pendant 30 minutes.

u. S'il te plaît, essaye de **te concentrer** pour une fois.

Chapitre 5

Le groupe nominal

I. Le nom

1. Le gérondif

Traduire le gérondif suivant les indications données

a. His hobby is collecting exotic butterflies. *(infinitif et nom)*

b. Carrying a gun is a crime. *(Trois solutions, dont un nom)*

c. Without wishing to be rude, don't you think your skirt is a bit short? *(infinitif)*

d. Be reasonable—dancing won't earn you a living. *(nom et infinitif)*

e. On arriving at Preston, Philip expected her to be waiting for him. *(Verbe et nom)*

f. He broke the law by refusing to be drafted into the Army. *(verbe et nom)*

g. But the shooting continued in spite of the ceasefire. *(nom)*

h. There was much singing and dancing. *(verbe)*

i. She's having driving lessons. *(nom)*

j. The government is allocating 25 % of its total spending to education. *(nom)*

k. She would take her knitting and sit by the fire. *(nom)*

l. Do you mind me smoking? *(proposition)*

m. The local people strongly object to the new airport being built in the area. *(deux solutions)*

2. Le nombre et le genre

a. Le verbe se met-il plutôt au singulier, au pluriel ou avez-vous le choix ?

1. The police has/have been investigating the murder of Bert Mac Allistair.

2. Their baseball team is/are better than ours.

3. The government is/are meeting to discuss the crisis.

4. The family next door is/are moving out.

5. The orchestra is/are playing a symphony by Haydn.

6. The new government has/have decided to announce further measures to curb inflation.

7. My family is/are freethinkers.

8. Now the jury is/are coming back into the courtroom.

9. Every family has/have lost a husband or a brother in this stupid war.

10. Leeds has been / have been very good this season.

11. Leeds is/are a town in the north of England.

b. Traduisez les mots en caractères gras

1. Nous nous sommes cogné **la tête** contre le chambranle.

2. Les deux garçons avaient immédiatement contacté **leur mère**.

3. Ils se serrèrent **la main**.

c. Traduisez ces mots féminins

1. une enfant

2. une infirmière

3. une ouvrière

4. une prisonnière

5. une narratrice

6. les conductrices

7. une petite Cubaine

8. une ourse

9. une Hollandaise

10. une ânesse

11. des Marocaines

d. Comment traduisez-vous le pronom personnel ou l'adjectif possessif en caractères gras ?

1. Pour l'instant, le Norway est à quai. Cependant, **il** devrait bientôt repartir pour les Bermudes.

2. La grenouille sauta sur la rive. **Elle** salua le prince.

3. Ma voiture ? **Elle** consomme très peu. Beaucoup moins que la tienne en tout cas…

4. La Grande-Bretagne veut accroître **sa** coopération économique avec la Chine.

5. Minouche attend certainement des petits. **Son** panier est vide : **elle** doit se cacher quelque part.

6. C'est sûrement un chat : regarde, **il** a gratté la terre près des fleurs.

7. L'antilope — blessée dans un combat contre un autre mâle — s'affaissa. **Elle** tenta en vain de se relever.

II. Les pronoms

1. Traduction de « on »

Proposez une ou plusieurs traductions de « on »

a. **On** a le devoir d'aider ses parents quand ils sont âgés.

b. Avec ce drap sur la tête, **on** croirait un fantôme.

c. **On** m'a dit qu'il faudrait rembourser.

d. **On** aperçut une lumière éclatante dans le ciel.

e. **On** croirait un merle.

f. **On** vit dans une société de plus en plus en violente.

g. **On** frappe à la porte, je crois.

h. Dans le Sud des États-Unis, **on** parle avec un accent très différent.

i. **On** éteint la lumière et on va se coucher maintenant !

j. **On** s'est arrêtés dans un restaurant pour routiers.

k. **On** ne sait jamais…

l. **On** aurait dit qu'ils avaient trop bu.

m. En 1918, on espérait que ce serait « la der des der ». On sait aujourd'hui que c'était une utopie.

n. **On** nous obligea à prendre une autre direction.

o. **On** entendit une détonation.

p. C'est terrible quand **on** n'a plus rien à perdre.

q. De nos jours, **on** a tendance à être de plus en plus stressés.

2. Quel pronom avec *everyone* etc. ?

Traduisez les mots en caractères gras

a. Les autorités ont demandé à chacun de rester chez soi. (Traduire : dans **sa maison**)

b. J'espère que tout le monde a apporté **son livre**.

c. Si tout le monde a fini **son repas**, on peut y aller.

d. D'après lui, tout le monde peut réussir s'**il** le veut vraiment.

e. Personne ne vous a prévenus, **n'est-ce pas ?**

f. L'étudiant qui prépare **son diplôme** de physique pense qu'il trouvera facilement un emploi.

3. Absence ou ajout d'un pronom

Traduisez les éléments en caractères gras

a. Elle est trop lourde pour que tu puisses la soulever.

b. Elle m'a fait un signe de la main, comme elle le fait tous les matins.

c. Je suis restée plus longtemps qu'il n'était nécessaire.

d. Ce que je ne comprends pas, c'est comment il a pu réussir.

e. Oui, je sais. Elle me l'a dit.

f. Je ne pense pas qu'elle le sache.

g. Il lui a été impossible de dire non.

h. Elle trouvait curieux que sa sœur n'ait pas encore répondu à sa lettre.

i. **J'aime bien** au printemps quand les jours rallongent.

j. **Nous devons** à nos membres de les aider si besoin est.

4. Les pronoms relatifs

a. La relative est-elle nécessaire ? Traduisez le relatif

a. Voilà, c'est la maison que Rose et Andrew veulent acheter.

b. Je n'arrive pas à trouver les disques que j'ai achetés hier.

c. Les gens de l'assurance disent que c'est ma faute, ce qui est une absurdité.

d. Elle m'a montré une photo de ses petits-enfants — qu'elle adore.

e. On est allés dans la pizzeria qui est dans la rue du marché.

b. That est-il possible, voire obligatoire ? S'il y a plusieurs solutions indiquez-les toutes

1. She is the most gorgeous woman … I have ever seen.

2. Did you get the flowers … I sent you ?

3. The plane, … had taken off at Heathrow Airport, had to make an emergency landing.

4. Do you know the person … is in charge of the department?

5. There's a number of things … we must do before we go on holiday.

c. Traduisez « ce qui / ce que »

1. All … you need is some paper and glue.

2. She was driving very fast, … was very unusual of her.

3. She is very grateful for … Bernard did for her.

4. … they told you is absolute rubbish.

5. They said they had never seen the man before, … is a lie.

d. Traduisez « dont »

1. C'est un site **dont** on extrait chaque jour des tonnes d'uranium.

2. Le pays **dont** nous venons est très pauvre.

3. Nous interrogeâmes des enfants **dont** plusieurs avaient perdu leurs parents.

4. Ils passèrent devant des maisons **dont** la plupart avaient été abandonnées.

5. C'est une classe de trente élèves **dont** la moitié sont des enfants surdoués.

6. Ils vivent dans une ancienne ferme **dont** la grange a été aménagée en salle-à-manger.

III. L'adjectif

1. La place des adjectifs

a. Selon le cas, placez l'adjectif avant ou après le nom

1. Elle vida deux cendriers pleins.

2. Nous dormons dans une chambre plus petite que la leur.

3. 50 % des personnes interrogées sont favorables à la légalisation.

4. Il apporta deux cartons pleins de livres.

5. L'ivrogne ramassa une bouteille cassée et recula.

6. Il y avait quelque chose d'inhabituel dans son comportement.

7. Les deux déserteurs sont passés devant une cour martiale.

8. Les bouteilles cassées dans l'accident se vidaient sur la chaussée.

9. Nous en sommes arrivés à une conclusion similaire.

10. Nous aurons des températures semblables à celles d'aujourd'hui.

   b. Quel sens à l'adjectif en caractères gras ?

1. The commission has been investigating the activities of the companies **involved**.

2. This was one of the most **involved** cases he had ever tried.

3. It was not considered as a **proper** school.

4. The two alpinists did not have the **proper** equipment.

5. By the time we got to the village **proper** all the other hikers had left.

6. The **present** ministers are all under 55.

7. The ministers **present** denied the allegations.

8. The **concerned** parents were contacted.

9. The parents **concerned** were contacted.

10. They are trying to find the people **responsible**.

11. They are trying to find **responsible** people.

   c. Utilisez l'adjectif qui convient

1. The … child hid behind an armchair.
   a. afraid   b. frightened

2. They were so … that they were often taken for brothers.
   a. alike   b. lifelike

3. These organisms are not … creatures.
   a. alive   b. living

4. On Saturday nights he got invariably …
   a. drunk   b. drunken

5. They were visiting their … relatives.
   a. ill   b. sick

6. The street lamps would soon be …
   a. lit   b. lighted

7. Obviously Alison was …
   a. afraid   b. frightened

8. She could not believe her good luck at being …
   a. alive   b. living

9. She is living a very ...
    a. alone   b. lonely

10.   93 per cent of ... drivers are men.
    a. drunk   b. drunken

11.   London's brightly ... streets were crowded with happy people.
    a. lit   b. lighted

12.   There were three ... candles on the table.
    a. lit   b. lighted

2. L'ordre des adjectifs

Placez les adjectifs dans l'ordre qui convient

a. Those ... buildings are going to be pulled down. *(grey + horrible)*

b. They want to cut down those ... trees. *(old + huge)*

c. She has ... hair. *(lovely + red)*

d. It has a ... texture. *(nice + soft)*

e. Sue had become a ... woman. *(young + beautiful + ambitious)*

f. The ... envoys arrived in Cairo. *(British + diplomatic)*

g. A ... priest was held prisoner for 24 hours. *(catholic + Polish)*

h. She was wearing ... trousers. *(orange + velvet)*

i. We spent the afternoon in their ... garden. *(pleasant + little)*

j. This plant has ... leaves. *(glossy + green)*

k. He joined the ... Church in 1978. *(catholic + Roman)*

l. It was written in ... capital letters. *(small + red)*

m. He was a ... man. *(small + self-effacing)*

n. They interviewed a ... scientist. *(Russian + nuclear)*

o. He was wearing a ... suit. *(silk + Thai)*

p. There was a ... carpet. *(pink + thick)*

q. There have been ... developments. *(political + rapid)*

3. Comment lier les adjectifs

Utilisez si nécessaire une virgule ou une conjonction

a. The room was dark + damp + fusty

b. She was wearing a necklace of black + Tahitian pearls

c. She stroked the cat's beautiful + soft fur

d. We bought a Murano + glass vase

e. He drives a black + red coupé

f. She is tall + blond-haired + very pretty

g. I like pale + blue + Wedgwood china

h. It has a hard + shiny + black + green shell

i. The houses have tall + brick chimneys

j. He is a dirty + old man

4. L'adjectif employé avec *as, how, however, so, too*

Traduisez en anglais soutenu les phrases suivantes. Mettez-les ensuite en anglais courant chaque fois que cela sera possible

a. C'est un exercice trop difficile.

b. Je n'avais encore jamais été dans un hôtel aussi luxueux.

c. Comme votre pasteur a l'air sévère !

d. Tu sais quelle terrible maladie est la sclérose en plaques.

e. Aussi incroyable que ça puisse sembler, c'est la vérité.

f. Aussi fatiguée soit-elle, elle se lève tous les matins à 5 heures 30.

g. Quelle est la largeur de l'Amazone ?

IV. Les prépositions

1. La préposition placée en fin de phrase

a. Construisez des questions en plaçant la préposition à la fin

1. À qui voulez-vous parler ?

2. De quoi est-ce que vous parliez ?

3. Avec qui est-ce que tu as dansé ?

4. À qui est-ce que tu as emprunté ce livre ?

5. Tu disais… Qui est-ce que tu as rencontré par hasard ?

b. Traduisez les phrases suivantes en plaçant la préposition à la fin. Pour les relatives, proposez une solution en anglais soutenu

1. Il faut qu'on ait un mot avec ces élèves.

2. Je déteste qu'on se moque de moi.

3. Elle devrait poser sa candidature à un poste pour lequel elle a été formée.

4. Montre-moi la photo que tu regardais.

5. Parler avec lui est très agréable.

6. — J'ai besoin de la voiture. — Pour quoi faire ?

7. — Elle a épousé Adrian Wilson. — Qui ça ? !

c. As ou Like ?

1. Je travaille comme un esclave.

2. Ça s'écrit avec un W, comme dans Walter.

3. On conduit à gauche, comme en Angleterre.

4. Il fut vendu comme esclave.

5. Il veut acheter une moto exactement comme la mienne.

6. Jimmy s'était habillé en Indien.

7. Harold, ou Hal comme on l'appelait, était un garçon plutôt effacé.

     d. Across *ou* Through *?*

1. Il franchit la porte et s'inclina devant Mme Drumm.

2. Elle saisit un vase et le lança à travers la pièce.

3. En 1927, C. Lindbergh traversa l'océan Atlantique en avion.

4. De l'essence suintait par un petit trou.

5. Les eaux usées s'écoulent par cette conduite.

     e. For *ou* During *?*

1. Elle devra rester à l'hôpital pendant deux ou trois mois.

2. Pendant notre séjour en Suède, nous nous sommes fait de nombreux amis.

3. Ça s'est passé pendant l'hiver de 1984-85.

4. Il a travaillé pour eux pendant au moins 25 ans.

5. On part pendant quelques jours.

     f. For *ou* Since *?*

1. Elle fait du violon depuis environ 15 ans.

2. La France n'a remporté aucune médaille d'or depuis les Jeux de Sydney.

3. C'est le meilleur livre que j'ai lu depuis *Le Silence des Agneaux*.

4. C'est notre premier Noël ensemble depuis 1997.

5. Nous n'avons pas mangé au restaurant depuis des mois.

V. Quelques mots délicats

1. Corrigez les phrases en plaçant *also* à l'endroit qui convient suivant le sens indiqué

a. Ils aimeraient également qu'on leur donne davantage de responsabilités.

b. Je pense qu'il y a également un club de squash.

c. Le navire dispose également d'une plate-forme pour hélicoptères.

d. Elle met également en scène des comédies musicales.

e. J'ai vu également ses précédents films.

2. Corrigez les phrases en plaçant *too / as well* à l'endroit qui convient suivant le sens indiqué

I was in Liverpool.

a. *Moi aussi j'étais à Liverpool.*

b. *J'étais aussi à Liverpool.* (sous-entendu : dans une autre ville et aussi à Liverpool)

Mrs Mandel teaches Greek.

a. *Mme Mandel aussi enseigne le grec.*

b. *Mme Mandel enseigne aussi le grec.* (sous-entendu : une autre langue et aussi le grec)

I liked it.

Moi aussi, je l'ai aimé.

We had caviar.

a. *Nous aussi, on a eu du caviar.*

b. *On a aussi eu du caviar.* (sous-entendu : du caviar en plus d'un autre mets)

He knows Philadelphia.

Il connaît aussi Philadelphie. (sous-entendu : d'autres villes et aussi Philadelphie)

3. Choisissez entre *too, as well* et *also*

a. I ... have worked in Africa.

b. I have worked in Africa ...

c. I have ... worked in Africa.

d. — I've caught a fish. — Me ...

e. Doug was attending the meeting. Glenn was ... there.

f. She learns Japanese ...

g. It ... contributed to our success.

4. Choisissez entre *so, such* ou *that*

a. I've never in my life met ... a hypocritical person.

b. If you're ... clever why didn't you find a solution?

c. Don't you ever feel lonely in ... a big house?

d. I didn't think he was ... narrow-minded.

e. He is not ... hard-working as his brother was.

f. Come on, it wasn't ... difficult!

g. She was impressed to meet ... a great actor.

5. Traduisez En + participe présent par une tournure adéquate

a. Elle s'enfuit en hurlant.

b. Deux Chicanos se sont noyés en essayant de traverser la rivière.

c. En apprenant que la police avait retrouvé la voiture, ils sautèrent de joie.

d. Il a enfreint le règlement en divulgant des renseignements classés « secret-défense ».

e. En refusant leur aide, il s'est mis dans de graves difficultés.

f. Ils les interrompit en les prévenant que le Congrès voterait contre la proposition.

g. Elle se détourna en secouant la tête plusieurs fois.

h. Il évitait d'être reconnu en portant des lunettes noires.

i. « Vous êtes pardonné », dit Mme Clampton en souriant.

j. Il a lu la première page en s'habillant.

k. Il a fait une erreur en demandant de l'aide à des gens aussi égoïstes.

l. En examinant l'appareil photo, les policiers découvrirent deux empreintes.

m. En travaillant à l'étranger, elle a acquis une expérience précieuse.

n. Elle a ri comme une baleine en racontant ce qui était arrivé à Luke.

o. Il acquit une célébrité internationale en découvrant ce nouveau traitement.

p. En se retournant, il remarqua qu'un taxi les suivait.

q. En montant dans l'avion, elle eut le pressentiment d'un danger.

6. Choisissez entre *again, yet* ou *still* pour traduire « encore »

a. L'opposition est encore divisée.

b. Les impôts ont été augmentés il y a deux ans et cette année encore.

c. Aucune décision n'a encore été prise.

d. Il n'existe encore aucune menace réelle.

e. Il est encore difficile de dire lequel d'entre eux remportera la Coupe. *(Deux solutions)*

f. Il se pourrait encore qu'on découvre d'autres tombes. *(Deux solutions)*

g. La princesse n'avait pas encore ouvert les yeux. *(Deux constructions)*

h. Ces révélations ont encore jeté le discrédit sur le gouvernement.

i. Non, encore mieux, envoie-lui tout de suite un mail.

j. Manifestement, elle n'a pas encore compris.

k. Tout le monde s'attendait à ce que l'équipe triomphe encore.

7. Traduisez « encore » selon les indications données

a. Qu'est-ce qui s'est passé encore ? *(Pour insister)*

b. M. Dawson a une fois encore nié catégoriquement ces allégations. *(Sens emphatique)*

c. Leurs ressources en pétrole devraient durer encore 50 à 60 ans. *(Exprimer un ajout)*

d. Encore un peu de thé, Mme Jenkins ? *(Quantité)*

e. L'identification de l'autre corps se révéla encore plus difficile.

8. Choisissez entre *most* ou *most of*

a. La plupart des analystes s'accordent à dire que l'économie montre des signes de reprise.

b. La plupart de ces soldats semblaient épuisés.

c. La plupart des Argentins ont soutenu le gouvernement pendant la guerre avec la Grande-Bretagne.

d. La plupart des pays arabes refuseront de suivre les États-Unis.

e. La plupart des Mexicains qui travaillent ici sont des sans-papiers.

9. Traduisez « Pour » en choisissant entre *to* + BV ou *for* + *ING*

a. Cette scie est utilisée pour découper le métal.

b. Elle était venue à Paris pour apprendre le français.

c. Elle m'a envoyé une carte pour me remonter le moral.

d. Je me rappelle qu'une fois j'ai été fouetté pour avoir fumé dans les toilettes.

e. Ces feuilles roses, c'est pour manger ou c'est juste pour la décoration ?

10. Construisez des phrases en utilisant *so that*

a. He took a parka so that (to get cold).

b. The gate should be closed so that nobody (To get in).

c. They gave their rations to the children so that (to starve).

d. Speak up, will you, so that we (to hear you).

e. She has to work overtime so that she (to buy nice clothes to her four   children).

11. Traduisez « pour » en utilisant la tournure appropriée

a. J'étais pour frapper à la porte quand j'entendis un hurlement.

b. J'ai retrouvé mon portefeuille pour m'apercevoir que mon argent avait été volé.

c. Elle téléphona à la police pour s'entendre dire de « s'occuper de ses oignons ».

d. Ça doit être grave pour qu'il parte sans même dire au revoir.

e. Pour que les animaux se portent bien, il faut leur donner des vitamines chaque jour.

12. Traduisez l'adverbe « toujours »

a. Je leur serai toujours reconnaissante.

b. Elle va toujours rendre visite à ses parents le dimanche.

c. Deux personnes étaient toujours coincées à l'intérieur.

d. Je ne sais pas pourquoi mais j'ai toujours trouvé ça triste.

e. Il était convaincu que les deux otages étaient toujours en vie.

f. Je suis revenue à 2 heures du matin et il était toujours là !

13. *Too much* ou *too many* ?

a. Tu parles trop !

b. J'ai mangé trop de chocolat.

c. Je pense que c'était trop pour elle.

d. Il y a trop de monde.

e. Écoute, tu as beaucoup trop de bagages !

Corrigés

Chapitre 1. **Approche du texte**

I. Étude du texte

1.

a. → actuellement : actually ? (= Currently). Actually est un faux-ami qui signifie « En fait ».

→ depuis : for ou since ? (= for)

→ qui : quel relatif convient ici ? (= seule solution correcte : which)

→ menace : quel temps ? (= present perfect : has been threatening)

b. → se fera : comment traduire cette forme pronominale ? (= un passif : will be achieved)

c. → comme : like ou as ? (= as)

→ l'a prouvé le dernier attentat : quel est l'ordre des éléments en anglais ? Quelle forme verbale utiliser ? (= rétablir l'ordre sujet-verbe / choisir un passif : as vindicated by the latest attack)

d. → il y a : Comment le traduire ? Quel temps utiliser ? (= ago + prétérit)

→ les infirmières : article ou pas ? (= article si renvoi à une situation dans un hôpital particulier : [The] nurses)

e. → trop de : too much ou too many ? = (too much traffic mais too many accidents)

→ encore : yet/still/again/more ? = (still : situation vraie au moment où l'on parle)

f. → devoir : Must ou Have to ? (= You must not)

→ de moins en moins : less ou fewer ? (= Fewer and fewer)

g. → Les femmes : article ou pas ? (= Pas d'article : women)

→ afghanes : majuscule ou pas ? (= majuscule : Afghan ; ni S ni 'S !)

→ bien choisi : comment le traduire ? où le placer ?(= well-chosen counsellor)

→ laissera : to let ou to leave ?(= won't let you)

h. → eut-elle : quel temps va correspondre à ce passé antérieur ? (= un plu-perfect)

→ à peine … que : Comment le traduire ? Quel ordre adopter en anglais ? (= inversion des éléments : no sooner had she put the turkey in the oven than)

i. → Faire arrêter : quelle tournure employer ? (= had him arrested and sent)

→ en : quelle préposition utiliser ? (= to)

2.

→ Lever l'ambiguïté sur les possessifs : ses cheveux / les siens.

Il avait les cheveux verts ; ses cheveux à elle étaient jaunes.

II. Étude du lexique

1.

1.b. un homme (un *homme* extraordinaire) 2.c. un gars (mon **gars** / mon **vieux**) 3.d. un compagnon (mes **compagnons** de voyage) 4.a. un mec (son **mec**)

2.

1. **gare** 2. **station** 3. **bureau** (de vote) 4. **station** 5. **position** 6. **poste** (de police)

3.

1. seigneur (les **seigneurs**) 2. baron (**barons** de la drogue) 3. Seigneur (les œuvres du **Seigneur**) 4. Lord (la chambre des **Lords**) 5. Seigneur (traduit ici par : **Dieu**)

4.

1. f. 2. b. 3. a. 4. c. 5. d. 6. e.

5.

1.→ 3 weeks / take back / too late / had to pay ; J'étais **en retard** de trois semaines pour rendre les livres ; 2.→ effeminate / girls / couldn't help / the class ; Quand elle entendit la voix efféminée du prof, une des filles ne put retenir un **ricanement** qui gagna bientôt toute la classe ; 3.→ careful/poison ; Sois très prudent. Le poison de ce serpent est **mortel** ; 4.→ lying/help ; Au lieu de **flemmarder**, allongé au soleil toute la journée, tu pourrais m'aider, non? ; 5.→ 3.4 % / protested ; Le gouvernement a décidé de **plafonner** à 3,4 % les augmentations de salaires dans la fonction publique. Les syndicats ont immédiatement protesté.

6.

1. Il est fou **à lier** ; 2. L'orgueil se révéla être son **talon** d'Achille ; 3. C'est mettre la charrue **avant les bœufs ! ;** 4. Ça n'est que **la partie visible** de l'iceberg ; 5. C'est **la cerise** sur le gâteau.

7.

a. 1. You are requested by law to wear a safety belt ; 2. He has always been obsessed by money ; **b.** 1. **I** found this film really boring ; 2. **They** had to lie down because of the wind ; **c.** 1. All our rooms **have** a magnificent view ; 2. The French Riviera **is** very popular with foreign tourists.

III. Usage du dictionnaire

1.

1. b. 2. c. 3. d. 4. a.

1. She **vomited** [plutôt médical] / She **was sick** [courant] on the carpet ; 2. She **threw up** on the carpet. [familier] ; 3. She **puked** on the carpet. [vulgaire] ; 4. She **brought up** her milk. [courant]

2.

1. a. 2. b. 3. a. 4. a. 5. a. 6.b.

3.

1. a. (la **TSF**) 2. b. (aucun mot particulier en français) 3. a. (sa **future**) 4. b. (une **doctoresse**) 5. b. (**se bécotaient**)

4.

Dans la phrase 4, en raison des connotations de confort et de détente que véhicule le terme **Armchair.**

IV. La formation des mots

1.

a counterbid ; shrinkage ;impassable ; semiconscious ; to antedate ; a forecaster ; a disbeliever ; to overdo ; infighting ; to downsize.

2.

côtier ; des objets cassés ; arriéré ; ergoteur ; l'art / la technique de la scène ; malade ; stagiaire ; en or ; jargon journalistique ; multiplié par deux ; sans sel ; un car rempli de ; virilité / l'âge d'homme ; enfantin ; tirant sur le bleu ; sans enfant ; humidité ; protégé contre les cambriolages ; qui connaît un taux élevé de criminalité ; pour ce qui est de la météo / du temps

3.

a fast-flying plane ; a wine-growing region ; a five-year plan ; to be beetroot-red ; a sweet-smelling flower ; like-minded people ; a two-way street ; computer-aided design ; a four-letter word

4.

four-leaf clover ; a dark-blue jacket ; a well-kept garden ; an olive-green shirt ; a bad-tempered man ; an old-looking house ; a blue-eyed girl ; a 24-hour strike ; a quick-growing plant ; a white-haired man

Chapitre 2. **La phrase**
I. Des structures différentes

1.

Ms Wilson, a dynamic and feisty young woman, had always had a lot of ambition ; Mrs = Madame ; Miss = Mademoiselle ; Ms ≈ Madame (utilisé par les femmes qui ne souhaitent pas faire mention de leur statut matrimonial) ; Suddenly, two masked gunmen came out from behind a pillar ; I do know this guy from somewhere ; So, did you buy the car or didn't you? ; Did she really know **her husband**? ; You cannot use the sports facilities **unless you have a member card**.

2.

Nous nous sentîmes tous obligés, **dans la classe**, de nous porter volontaires pour cette mission ; « **Des copains**, j'en ai trop », disait-il souvent ; **Devenir Médecin du Monde**, travailler dans le Tiers Monde, aider les populations locales était l'ambition de sa vie ; Elle prend, depuis l'âge de cinq ans, **des cours de théâtre et de musique** ; **Morte en 1879**, Bernadette fut canonisée 54 ans plus tard.

3.

She was trembling **with** fear at the thought of that interview ; Paintings **by** Leonardo will be exhibited at the National Portrait Gallery ; He addressed the crowd **in** an emotional voice ; His white coat was covered **in/with** blood ; She slapped him **in** anger.

4.

He hugged her **but** she didn't hug him back ; She opened her eyes **and** saw the nurse smiling at her ; I'm sorry I couldn't make it **but** I had an appointment with my dentist ; I don't think I'll make it **because** I've got an appointment with the doctor ; You are the class representative **so** you go and ask the principal.

5.

What **shall we do**? Does anything suggest itself? ; **When they got back from** their holiday, they went to their doctor for a complete checkup ; When the tide **had ebbed away**, they collected shells on the beach.

6.

Dès leur arrivée, ils furent assaillis par les paparazzi ; **À l'annonce de la nouvelle**, il y eut soudain un silence ; **À son entrée**, ils se levèrent comme un seul homme et l'acclamèrent.

7.

Henry—**not a believer himself**—admired that courageous priest. (incise sans verbe) ; You see the bloke **talking to Jennifer**? (participe présent) ; Audrey picked up her bag **and put it on her lap**. (proposition coordonnée)

II. Problèmes de ponctuation

1.

The room was dark, **damp and** musty ; The men were saddling the **mules ; the women** were loading the carts ; The turnout was the highest in the country at **65.4** per cent ; She's helped me with my luggage and she's called a **taxi. She is** a real angel ; It will cost you **5,450.45** euros.

La fenêtre était ouverte : tous les voisins pouvaient jeter un coup d'œil à l'intérieur ; Elles avaient apporté toutes sortes de gâteaux : tourtes aux pommes, biscuits de Savoie, tartelettes, éclairs ; On l'entendit marmonner : « Et c'est reparti... » ; Tu es un... un fainéant et un dégoûtant! Voilà ce que tu es! ; Je regrette, je ne pourrai pas venir à la soirée. J'ai promis que... heu... ; 45,7 des personnes interrogées ont déclaré être opposées à cette nouvelle loi ; J'ai fabriqué cette maquette avec 15.642 allumettes ; Il n'a donné aucune explication pour son absence : il n'avait aucune raison de le faire ; Si elle trouve ton... Tu sais ce que je veux dire... ; Elle se mit à pleurnicher : « Pourquoi est-ce que c'est toujours moi qui devrais faire la vaisselle? »

III. Transcription d'un dialogue

FRANÇAIS	ANGLAIS
— « Est-ce qu'il est là ?, supplia-t-elle. Dites-le moi.	*'Is he in?', she begged. 'Tell me.'*
— Il est sorti. Il m'a juste dit : « Je reviens dans une minute. » Je pense que vous feriez mieux de partir.	*'He's out. He just told me, ''I'll be back in a minute.'' I think you'd better go.'*
— Est-ce que je peux attendre ici, demanda-t-elle, jusqu'à ce qu'il revienne ? »	*'Can I wait here,' she asked, 'until he comes back?'*

IV. L'inversion

Hardly had the film started when the projector broke down ; Not only is he a singer, but he is a very good impressionist as well ; Seldom have I met such a funny person ; Never had she been so happy in her life ; In no way does the study suggest a link between this product and cancer.

A wooden church stood in the village square ; We had scarcely sat down for breakfast when she came downstairs ; If I'd known that he was a liar I wouldn't have trusted him ; If you ever need any help, don't hesitate to contact us.

V. Les titres de journaux

More people to die from AIDS, says UN official ; Police headquarters hit by mortar ; Nuclear plant under threat of flooding ; President blamed for last year's rigged election ; Chicago car factory strike threat.

The government will cut income support ; A new technological revolution is needed in Africa ; A fighter plane has violated the disputed frontier ; The UN peace corps is forced to retreat ; The Army has attacked the enemy's positions.

« Un/Le satellite américain entrera dans l'atmosphère », a confirmé la NASA ; Le drame imminent des enfants victimes de la famine ; Révélations sur le scandale du/d'un réseau pédophile ; Révélations sur un scandale de réseau pédophile ; Confirmation des/de rumeurs d'intoxication alimentaire ; « Les films de Fellini sont dégoûtants », a déclaré un chef religieux.

The Good, the Bad and the Ugly : « *Le Bon, la Brute et le Truand* ». Guilty = coupable. (Article sur une affaire judiciaire) ; Star Wars : « *La Guerre des étoiles* ». Tar = le goudron. (Article sur l'offensive pénale dirigée contre les cigarettiers) ; Raiders of the Lost Ark : « *Les Aventuriers de l'arche perdue* ». Prozak = anti-dépresseur. (Article sur l'engouement pour ce médicament) ; Conan the Barbarian : « *Conan le Barbare* ». Saddam = S. Hussein. (Article dénonçant les méthodes du dirigeant irakien) ; Pretty Woman : « *Pretty Woman* ». Prickly = irritable. (Article sur Courtney Love, l'ex-épouse de K. Cobain).

Chapitre 3. Les opérations de traduction
I. La transposition

a. Je pense qu'il est allé **déjeuner** ; Elle **a mis** son temps libre **à profit** ; **b.** Dès **le départ** de la course, … ; Quelques minutes après **le lancement** de Saturne V, … ; **c.** Il a **probablement** oublié notre rendez-vous ; Quelqu'un frappe à la porte. — C'est **sûrement** la voisine ; **d.** Je **viens** de rencontrer Mme Wilkinson ; Il ne **va pas tarder** à faire jour ; **e.** Il balança son **ancienne** tenue de travail ; **f.** Pensez-vous réellement que M. Colston **convienne** à ce poste? ; **g.** Pendant les heures de **travail** ; **h.** Au **début** du Xe siècle ; Quelle est la **largeur** du fleuve à cet endroit? ; **i.** Il gagne **difficilement** sa vie ; **j.** Une boîte en forme de cœur ; Un SDF (sans domicile fixe) ; **k.** Tu peux **re**dire ce que tu viens de dire, s'il te plaît? ; Il y a une ving**taine** d'années ; **l.** … », répondit-elle **d'un air effronté**.

II. La modulation

J'aimerais être **une petite souris** quand elle annoncera à Ralph qu'elle a bousillé la voiture ; **Les loups se mangent entre eux**. C'est la loi du plus fort, tu sais… ; J'ai travaillé comme **un forcené** ; Elle était fraîche comme **une rose** ; Je ne comprends pas un traître mot. c'est **du chinois** pour moi ; Je ne retournerais pas à l'école pour tout **l'or** du monde.

a. Elle va se rendre malade à manger comme ça ; Une quinzaine de vaches sont mortes carbonisées dans l'incendie ; *Remarque* : Ici, le français mentionne d'abord la conséquence, puis la cause — à l'inverse de l'anglais ; **b.** Un aspirateur ; De la chantilly ; *Remarque* : « *Vacuum* » exprime le moyen, (par le vide), ainsi que « *Whipped* » (à l'aide d'un fouet). « Aspirateur » traduit le résultat ; « Chantilly » est le nom du type de crème obtenu ; **c.** Il brisa le pied d'une chaise ; On dirait bien qu'on va maintenant avoir beaucoup de travail sur les bras ; **d.** Ils sont endettés jusqu'au cou ; **e.** Il lui offriront une grosse prime de départ ; Le monde lui appartient ; **f.** Je ne méconnais pas les risques ; Elle n'avait pas du tout l'air contente ; **g.** M. Blake, Andrew Paxton et Mme Voigt avait garé leur voiture sur notre pelouse! ; **h.** En entrant dans l'église, il remarqua son air tendu ; Une fois arrivées à Savill Manor, les deux fillettes s'animèrent un peu.

III. L'étoffement

Tout le monde **s'accorde à reconnaître** que les négotiations sont dans l'impasse ; La question est **de savoir si** nos troupes doivent être placées sous commandement américain ; Elle n'avait pas de voiture mais ce n'est **pas pour cette raison qu**'elle n'est pas allée à sa fête d'anniversaire ; Nous avons été horrifiés d'apprendre **la façon dont** ces enfants avaient été maltraités.

2

a. Est-ce que tu pourrais aider Jason à faire ses devoirs ? ; Le plan allemand était d'envahir la France en passant par la Belgique ; Sur 200 mètres, la clôture longe son champ et contourne le bois ; L'usage du court de tennis est réservé aux seuls membres du club ; Cette musique est tirée de la comédie musicale « Cats » ; **b.** Ça, c'est pour toi — de la part de Mark ; J'avais quinze nouvelles recrues sous mes ordres ; Les récents progrès en matière de limitation des armes nucléaires sont prometteurs ; **c.** La dame qui se tenait derrière moi me tapota l'épaule ; Les gardes du corps qui entouraient le Président empêchaient les journalistes d'approcher ; Le vase qui se trouvait sur la table de chevet avait été renversé.

3.

Il regarda Debbie, puis jeta un coup d'œil vers le bébé. Cet enfant n'était pas à lui mais bien à elle ; Elle eut un mouvement de recul en rencontrant Mme Plum accompagnée de son caniche. Non, aujourd'hui elle n'embrasserait pas son chien / cet animal ! ; La banque centrale va réduire les taux d'intérêt de 0,5 %, mais je crains que cette mesure ne serve pas à grand-chose.

IV. L'effacement

1.

Après le déjeuner, Grand-père avait pour habitude de faire le tour du pâté de maisons ; Malcom s'avança vers la cheminée ; Le sergent leur ordonna de reculer ; Je me poussai de côté pour laisser passer l'infirmière ; Deux blindés pénétrèrent sur la grand-place ; Le manoir est en retrait par rapport à la route.

2.

Grand-mère est tombée dans l'escalier et s'est cassé le col du fémur ; M. Flanders avait répandu du vin sur toute sa chemise ; La photo avait glissé derrière le buffet ; J'ai déjà cacheté l'enveloppe ; Walter accrocha son manteau et son écharpe puis entra dans le salon.

3.

Il ne pouvait pas croire qu'elle se soit comportée avec autant d'impolitesse ; Il lui était difficile de communiquer avec sa belle-mère ; Elle m'a bien fait comprendre qu'elle porterait plainte contre nous.

Chapitre 4. **Le groupe verbal**

I. Temps

1.

Thomson intercepts the ball. He's now running towards the goal and no one seems to be able to stop him. He passes to Johnson! ; Look, here come your parents! ; — What about Jane? Is she alright? — Oh yes, she's working as a cashier for the holidays ; I peel the avocado, then I quarter it and I remove the stones ; Excuse me, what time does the train from London arrive, please? ; I'm flying to Manchester tomorrow ; She's always crying ; At night, temperatures fall / will fall to minus 60 degrees ; She has been much happier since she left him ; She can speak French and Dutch ; Lord Jennings took (takes) his gun, aimed (aims) at the tiger and shot (shoots) ; — What about playing poker? — Good idea, I'll bring the cards.

2.

I'd been waiting for half an hour when they arrived ; In April 1917, the USA entered the war ; Shall we go to the cinema? ; It was the first time she had met a member of the royal family ; They were watching TV when the phone rang ; My grandfather would have / had a whisky after his meal ; If he hadn't been there,

I would have taken the wrong train ; I used to like tea, but I don't anymore ; There were two girls dancing on a table ; He said he found it too difficult.

3.

She sat down, took the letter and tore it up without even reading it ; I'm sure you have never seen so much money ; Look, you're in serious trouble but we warned you, didn't we?

4.

Do you think she'll be cross if she knows? ; She is going to have a baby / She is having a baby next June ; What will we be doing this time next year? ; You will be leaving early, I suppose? ; — I'd rather not tell her now... — You shall (will) tell her now, whether you like it or not ; — She looks furious, doesn't she? — Yes, Greg must have told her the whole story ; I will tell you when they have left.

5.

She is said (She is alleged) to be the richest woman in the world ; He is said to have been recruited by American agents, although he has always denied it ; She claims to have written / She claims she has written this essay without anybody's help ; They demand / It is necessary that the authorities should be informed / the authorities be informed ; It is necessary for the authorities to be informed.

6.

La porte s'ouvrit / C'était / Elle eut l'air / Je m'en fichais ; La porte s'est ouverte / Elle a eu l'air / La porte s'ouvre / Elle a l'air / Je m'en fichhe ; Elle faisait / Elle se rendait compte / Il était ; Elle fit / Elle se rendit / Il était ; Elle expliqua / Elle avait téléphoné / Ça n'arrive ; Elle ferma / Elle fermait ; Il ne puisse

7.

Elle vit ; Nous avons ; Tu auras reçu ; Ils vivaient ; Elle eut fermé ; Il me demande ; Elle serait arrivée

8

I'll never give up as long as there **is** still a glimmer of hope ; Let's hope nobody **finds** out ; The boy who **try** to run away will be severely punished ; We'll go and it doesn't matter what they **say**—we'll do as usual ; I don't mind where they **go**—as long as they are back by midnight ; I bet he **phones** tomorrow to invite himself.

9.

Ils déclarèrent au commissaire qu'une fois ils **l'avaient aperçue** au supermarché ; Quelques minutes après que la fusée **eût décollé**, elle explosa ; Je savais qu'il allait encore cafter. Je te **l'avais dit** ; Ils ont répondu qu'ils me contacteraient quand ils **auraient** un poste vacant ; Je ne pourrais jamais décevoir un ami qui **aurait** besoin de mon aide.

II. Modaux

1.

Est-ce que tu sais ; Il n'entend pas ; Je ne me souviens pas ; Il ne doit pas ; La plupart de ces enfants ne savaient pas ; Ça pourrait ; Je sentais ; Je l'aurais embrassée

2.

Est-ce que je dois lui passer un coup de fil / Voulez-vous que je lui passe un coup de fil? ; Vous ne quitterez pas / Je vous interdis de quitter ; Je dirais ; J'aurais pensé / J'aurais dit ; Pourquoi est-ce que je serais / je devrais être ; J'espère bien ; Ça, on peut le dire ; Si vous manquiez / deviez manquer ; au cas où je sois / serais obligé ; pour qu'ils ne se trouvent pas à court ; devine qui se tenait ; Je voudrais bien la voir s'inquiéter

3.

Ça doit être ; J'y vais ; Voulez-vous ; Sera ; Il ne veut pas ; l'ascenseur se bloque ; Il faut toujours ; voulez-vous

4.

Elle n'a pas voulu ; Voudriez-vous ; Si seulement elle voulait ; Je préférerais ; Je préférerais ; il me bordait ; Pas étonnant de sa part / Ça ne m'étonne pas de lui ; Il devait avoir ; Ça doit être

III. Le passif

1.

a.→ agent de l'action inconnu ; **b.**→ agent inconnu ; **c.**→ agent évident ; **d.**→ agent dont l'identité n'est pas connue ou importe peu dans le contexte ; **e.**→ agents évidents

2.

a. Mr Davidson, you are wanted on line 3 ; → Passif : agent non mentionné ; **b.** You are not allowed to talk during exams ; → Passif : agent identifiable mais non mentionné ; **c.** When we saw that, of course we called the fire brigade ; → Actif : agent identifié et mis au premier plan ; **d.** He must be immediately informed ; → Passif : agent non précisé ; **e.** Simon's letter was meant to be reassuring but it wasn't ; → Passif : sujet non animé

3.

On dit souvent qu'il ne faut « jamais remettre à demain ce qu'on peut faire le jour même. » ; Ce vin se sert à température ambiante ; En fait, c'est plus facile à dire qu'à faire ; On envoya chercher la police ; Il ne s'est rien dit d'important à ce congrès ; On lui a dit de revenir plus tard ; Ses lettres ne reçurent aucune réponse ; Il s'est fait descendre au-dessus de Dresde en 45.

4.

He was thought to have hidden the money in his garden ; He'll be certainly arrested when he gets across the border ; He was found wandering the streets ; This species is found only in the Arctic ; This wall needs painting ; There's a sandwich left ; Pepys's name is pronounced 'peeps'.

5.

She was a woman respected by all ; The box was filled with sweets ; The poster had been daubed with red paint ; In autumn, these trees are covered in/with bronze leaves ; She had been abandoned by all her so-called friends.

IV. *Would / Used to / Be used to*

1.

Avant, il m'envoyait une carte pour mon anniversaire ; Ils allaient à la pêche ensemble ; Les conditions de travail sont meilleures qu'elles ne l'étaient autrefois ; Elle était habituée à descendre des pentes très raides ; Avant, je fumais deux paquets par jour.

2.

He used to visit them every Sunday ; She used to visit us every Sunday ; She would be sitting on the doorstep watching people go by ; He is used to working on the night shift ; We would invite each other for Xmas ; We were used to waiting for her because she was always late.

3.

Did he use to / did he used to drink a lot? ; He didn't use to / didn't used to / used not to drink a lot ; Is she used to working late? ; She is not used to working late ; What did you use to / did you used to play? ; I didn't use to / didn't used to play badminton ; Who used to be a loving husband? ; George didn't use to / didn't used to be a loving husband ; Is Martha used to teaching her own children? ; Martha is not used to teaching her own children.

V. Les tournures exprimant le résultat

1.

a. Je ne comprends pas qu'on puisse manger à s'en rendre malade ; Les menaces de la Mafia l'ont dissuadé de témoigner ; L'alcool avait tué son père ; Je n'ai pas pu rester jusqu'à la fin de la pièce : je piquais du nez! ; Mamie est en haut — elle lit une histoire aux enfants pour qu'ils s'endorment ; **b.** Les soldats lancèrent leur casque en l'air ; Pourquoi est-ce que tu ne jettes pas tes vieux vêtements ? ; J'ai signé pour cinq ans.

2.

a. Ils ont été obligés de faire sortir l'ivrogne à coups de pied ; Nous passions l'après-midi à parler ; Il va se rendre aveugle à force de lire s'il continue comme ça ; Le Capitaine Wilford s'avança vers le véhicule d'un pas chancelant ; Tous ces réfugiés ont été chassés de chez eux par les bombardements ; **b.** Tu pourrais enfoncer ce clou ? ; Elle sortit en claquant la porte ; Si le gaz s'échappe, cela peut être très dangereux ; Elle mit son chapeau, monta sur sa bicyclette et s'en alla ; Dans la nuit, l'eau avait traversé la toile ; Ils étaient tous là quand le navire entra dans le port.

3.

La politique du gouvernement peut se résumer à un mot : « Détermination » ; Leur aide s'est résumée à quelques conseils sans valeur ; Les ouvriers pointent à 6.30 h. chaque matin ; Sylvia se pomponnait pour le bal ; Il passait ses journées à bricoler, réparant de vieilles motos ou pendules etc.

VI. Les verbes à particule

1.

a. : préposition (to flood + out of)   b. : particule (to flood out)

a. *Des milliers de personnes continuent d'affluer d'Afghanistan.*

b. *Des milliers de personnes ont été chassées de chez elles par les inondations.*

c. préposition (to pick + up to)   d. : particule (to pick up)

c. *L'enfant cueillait jusqu'à vingt pommes.*

d. *L'enfant ramassait une pomme.*

e. préposition (to talk + out)   f. : particule (to talk out)

e. *Parlons des différents qu'il y a entre nous, dehors dans le jardin, voulez-vous ?*

f. *Mettons au clair les différents qu'il y a entre nous dans le jardin, voulez-vous ?*

g. particule : (to own up)   h. : préposition (to own + up to)

g. *Il avoua son crime.*

h. *Il possédait jusqu'à cinq magasins.*

i. particule (to keep under)   j. : préposition (to keep + under)

i. *La population était tenue dans la soumission par une surveillance policière constante.*

j. *La population était maintenue sous une surveillance policière constante.*

2.

Les deux hommes s'enfuirent ; Elle cherchera un emploi à son retour ; Je me poussai de côté pour laisser passer le médecin ; Je n'arrive pas à m'en sortir avec 1 000 dollars par mois ; Son mémoire ne sera pas accepté ; Il s'agenouilla et se mit à prier ; Le discours du Président n'est pas passé ; On peut se débrouiller sans vous, merci ; Enlève tes chaussures, veux-tu? ; Deux passagers descendirent ; On est parti à trois heures hier matin ; Tu en es où de ta dissertation ? / Ta dissertation, ça avance ? ; J'aimerais arriver à lui faire comprendre qu'il doit voir un médecin ; J'aimerais terminer ce travail avant vendredi.

3.

To limp **up** ; To plod **in** ; To plump **down** ; To sing **away** ; To boil **down** ; To read **on** ; To read **through** ; To talk **round** ; To hark **back** ; To lift **off** ;

VII. Les verbes pronominaux

1.

a. He injured his shoulder ; She broke her arm ; She was combing her hair in front of her mirror ; **b.** He often talks to himself ; She is treating herself with antidepressants ; I told myself that it did not matter ; He killed himself in despair ; **c.** I suddenly remembered that it was their wedding anniversary ; I don't mind ; **d.** I don't remember saying that ; They won't notice anything ; **e.** Little Julie is complaining of a headache ; Who's going to look after the children? ; These animals feed on ants ; **f.** It is no longer said ; They were offered a brand new car ; **g.** He got killed in a car crash ; They got beaten by the other side ; When is your daughter getting married? ; **h.** This word can be pronounced in several different ways ; An ear infection can be cured with antibiotics ; **i.** The two communities hate each other ; We swapped each other's addresses.

2.

It isn't done, full point! ; Her voice became coaxing ; She was mugged ; It's getting late ; We could not make ourselves heard ; Why are you worrying? ; He has hurt himself ; They make loads of money.

VIII. Les tournures elliptiques

1.

isn't she? (ou pas ?) ; couldn't we? (qu'en dites-vous ?) ; can they? (d'après vous ?) ; doesn't she? (qu'en pensez-vous ?) ; would it? (ne croyez-vous pas ?)

2.

is she? (non ?) ; do they? (je crois ?) ; is she? (c'est bien ça ?) ; didn't he? (si je ne me trompe pas ?) ; wouldn't you? (n'est-ce pas ?)

3.

Is he? (Croyez-vous ?) ; Can she? (Ah bon ?!) ; Haven't you? (Voyez-vous ça ?!) ; Is he? (Ah oui ?...) ; are you? (Alors comme ça) ; did you? (tiens donc ?)

4.

doesn't she? (tout à fait) ; didn't he? (vraiment) ; isn't she? (c'est bien vrai) ; wouldn't it? (absolument) ; wasn't she? (très contente)

5.

a. did they? ; didn't they? ; would it?
b. shall we? ; will you? ; would you? ; can't you?
c. aren't I? ; am I?

6.

a. she is (tout à fait) ; he does (c'est bien vrai) ; I didn't (effectivement) ; she does (oui, c'est bien vrai) ; I will (que oui)
b. So will I ; So did we ; Neither had I ; Neither would she ; So does he

7.

I'm afraid so ; I suppose so ; I'm afraid not ; I hope not

8.

Yes, I do ; Yes, I will ; No, she hasn't ; No, they couldn't ; Yes, she does. *(L'affirmation contredite étant :* She doesn't have to go)

9.

I do ; She was ; We weren't ; he doesn't ; we won't

10.

Weren't you? ; Are you? ; Didn't you? ; Will you? ; Would you?

11.

I'd love to ; So I heard ; Who says so ; I told you so ; Her friends said so

IX. Comment traduire l'infinitif

She wants to let her hair grow long ; His stupid jokes make me laugh ; You needn't tell her ; I heard them walking up the steps on tiptoe ; There is little we can do except wait ; They recommend taking sensible shoes ; She doesn't care about losing her job ; These curtains need washing ; I'd like to go back to Turkey at Easter ; Driving so fast is sheer madness ; She likes going to the pictures with friends ; They were refused entrance ; We couldn't make ourselves heard above the din ; She demands nothing except to see her medical file ; Why phone a doctor? It wouldn't do any good ; Did you remember to buy the paper? ; I don't remember telling you that ; But he laboured the point ; What can I say? ; Chill for 30 minutes ; Please try and concentrate for once.

Chapitre 5. Le groupe nominal

I. Le nom

1.

Son hobby c'est de collectionner les papillons exotiques ; Son hobby c'est la collection de papillons exotiques ; Le fait de porter une arme est un délit ; Porter une arme est un délit ; Le port d'arme est un délit ; Sans vouloir être impoli, tu ne penses pas que ta robe est un peu courte ? ; Sois raisonnable : ce n'est pas la danse qui te permettra de gagner ta vie ; Sois raisonnable : ce n'est pas en dansant que tu pourras gagner ta vie ; En arrivant à Preston, Philip pensait bien qu'elle serait là à l'attendre ; À son arrivée à Preston, Philip pensait bien qu'elle serait là à l'attendre ; Il a enfreint la loi en refusant de se faire incorporer dans l'Armée de terre ; Il a enfreint la loi par son refus de se faire incorporer dans l'Armée de terre ; Mais les tirs se poursuivirent malgré le cessez-le-feu ; On a / Ils ont beaucoup dansé et chanté ; Elle prend des leçons de conduite ; Le gouvernement consacre 25 % de ses dépenses totales à l'éducation ; Elle prenait son tricot et s'asseyait près du feu ; Est-ce que cela vous dérange si je fume ? ; Les gens du coin protestent énergiquement contre la construction du nouvel aéroport dans la région. Les gens du coin protestent énergiquement contre le fait que le nouvel aéroport soit construit dans la région.

2.

   a.

a. have **b.** is/are **c.** are **d.** is/are **e.** is/are **f.** has **g.** are **h.** are **i.** has **j.** have been (Il s'agit ici de l'équipe de football) **k.** is

   b.

our heads ; their mothers ; hands

   c.

a female child ; a female nurse ; a female worker ; a female prisoner ; a female / a woman narrator ; female/women drivers ; a Cuban girl ; a she-bear ; a Dutchwoman ; a she-ass ; Moroccan women

   d.

a. she/it **b.** he **c.** she/it **d.** her/its **e.** her ; she **f.** it **g.** it/he

II. Les pronoms

1.

One has / You have ; He/She looks like ; I was told / They told me ; We saw / There was ; It looks like / It sounds like ; We live / One lives ; Someone is knocking / There is a knock ; They/People/We speak (si le locuteur est sudiste) ; You/We switch off ; We stopped ; You never know... ; They looked as if they had / They sounded as if they had ; People/They hoped ; We know ; We were made to ; There was / We heard ; You have ; You/We tend to / One tends to

2.

their houses ; their books ; their meals ; they/he or she ; have they ; his or her degree

3.

It's too heavy **for you to lift** ; She waved at me **as she does every morning** ; I stayed longer **than was necessary** ; What I don't understand **is how he could do it** ; Yes, I know. **She told me** ; I don't think **she knows** ; **She found it impossible** to say no ; **She thought it strange** that her sister had not yet answered her letter ; **I like it** in spring when the days are getting longer ; **We owe it** to our members to help them if need be.

4.

   a.

a. oui ; that ; which ; Ø **b.** oui ; that ; which ; Ø **c.** non ; which **d.** non ; whom **e.** oui ; that ; which

   b.

that ; Ø ; that ; which ; Ø ; which ; who ; that ; that ; which ; Ø

   c.

Ø ; which ; what ; what ; which

   d.

It is a site from **which** tons of uranium are extracted daily ; The country from **which** we come / we come from is very poor ; We questioned children, several **of whom** had lost their parents ; They drove by houses, most **of which** had been abandoned ; It's a class of thirty students, half **of whom** are gifted children ; They live in a former farmhouse **whose** barn has been converted into a dining-room.

III. L'adjectif

1.

   a.

She emptied two full ashtrays ; We sleep in a bedroom smaller than theirs ; We sleep in a smaller bedroom than theirs ; 50 % of the people polled are in favour of legalisation ; He brought two cardboard boxes full of books ; The drunkard picked up a broken bottle and stepped backwards ; There was something unusual in his behaviour ; The two deserters were tried by court-martial ; The bottles broken in the crash were emptying on the road ; We have come to a similar conclusion ; We will have temperatures similar to today's.

   b.

Après le nom : involved (impliqué) ; proper (proprement dit) ; present (présent) ; concerned (concerné) ; responsible (responsable/coupable) ; **Avant le nom** : involved (complexe) ; proper (véritable ou approprié) ; present (actuel) ; concerned (inquiet) ; responsible (responsable/raisonnable)

   c.

1. b. 2. a. 3. b. 4. a. 5. b. 6. a. 7. a. ou b. 8. a. 9. b. 10. a. ou b. 11. a. 12. b.

2.

horrible grey buildings ; huge old trees ; lovely red hair ; nice soft texture ; beautiful and ambitious young woman ; British diplomatic envoys ; Polish catholic priest ; orange velvet trousers ; pleasant little garden ; glossy green leaves ; Roman catholic Church ; small, red capital letters ; small, self-effacing man ; Russian nuclear scientist ; Thai silk suit ; Thick pink carpet ; rapid political developments

3.

The room was dark, damp and fusty ; She was wearing a necklace of black Tahitian pearls ; She stroked the cat's beautiful soft fur ; We bought a Murano glass vase ; He drives a black and red coupé ; She is tall, blond-haired and very pretty ; I like pale blue Wedgwood china ; It has a hard, shiny, black and green shell ; The houses have tall brick chimneys ; He is a dirty old man.

4.

It's too difficult an exercise ; This exercise is too difficult ; I had never been in so luxurious a hotel before ; I had never been in such a luxurious hotel before ; How stern your pastor looks! ; Your pastor looks so stern! ; You know how terrible a disease MS is ; You know what a terrible disease MS is ; Incredible as it may seem, it is true ; It seems incredible, and yet it is true ; However tired she is, she gets up at 5.30 every morning ; How wide is the Amazon?

IV. Les prépositions

a.

Who do you want to talk to? ; What were you talking about? ; Who did you dance with? ; Who did you borrow this book from? ; Who did you say you ran into?

b.

These pupils need to be talked to ; I hate being laughed at ; She should apply for a post (which) she has been trained for ; She should apply for a post for which she has been trained ; Show me the photo (that) you were looking at ; Show me the photo at which you were looking ; He's very nice to talk to ; — I need the car. — What for? ; — She got married to Adrian Wilson. — To who?!

c.

I work like a slave ; It is spelt with a W, as in Walter ; You drive on the left, as in England ; He was sold as a slave ; He wants to buy a bike just like mine ; Jimmy had dressed as an Indian ; Harold—or Hal as we called him—was a rather unassuming boy.

d.

He went through the door and bowed to Mrs Drumm ; She grabbed a vase and hurled it across the room ; In 1927, C. Lindbergh flew across the Atlantic Ocean ; Some petrol was oozing out through a little hole ; The waste water flows through this pipe.

e.

She will have to stay in hospital for a couple of months ; During our stay in Sweden, we made lots of friends ; It happened during the winter of 1984-85 ; He worked for them for at least twenty-five years ; We're going away for a few days.

f.

She has been playing the violin for about 15 years ; France has not won any gold medal since the Sydney Olympics ; That's the best book I've read since The Silence of the Lambs ; This is our first Christmas together since 1997 ; We haven't eaten out for months.

V. Quelques mots délicats

1.

They would like to be given more responsibilities ; They would also like to be given more responsibilities ; I think there is a squash club ; I think there is also a squash club ; The ship has a helicopter deck ; The ship also has a helicopter deck ; She stages musicals ; She also stages musicals ; I have seen his previous films ; I have also seen his previous films.

2.

a. I too was in Liverpool / I was in Liverpool too ; b. I was in Liverpool too.

a. Mrs Mandel too teaches Greek / Mrs Mandel teaches Greek too ; b. Mrs Mandel teaches Greek too ; I liked it too.

a. We too had caviar / We had caviar too / as well ; b. We had caviar too / as well ; He knows Philadelphia too / as well.

3.

a. too b. too / as well c. also d. too / as well e. also f. too / as well. g. also

4.

a. such b. that/so c. such d. so/that e. so f. that/so g. such

5.

She ran off screaming ; Two Chicanos got drowned while trying to cross the river ; On hearing that the police had found the car, they jumped for joy ; He broke regulations by divulging classified information ; In refusing their help, he got himself into serious trouble ; He interrupted them, warning them that the Congress would vote down the proposal ; She turned away, shaking her head several times ; He avoided recognition by wearing dark glasses ; « You are forgiven, » Mrs Clampton said with a smile ; He read the front page while dressing ; It was a mistake, asking such selfish people for help ; On examining the camera, the police found two fingerprints ; In working abroad, she gained valuable experience ; She laughed herself silly as she told what had happened to Luke ; He won international fame by discovering that new treatment ; Looking round, he noticed a cab following them ; As she was getting on the plane, she had a premonition of danger.

6.

The opposition is still divided ; Taxes were raised two years ago and again this year ; No decision has been taken yet ; There is still no real threat ; It is still difficult / It is difficult to tell yet which of them will win the Cup ; We might still/yet find other graves ; The princess had not opened her eyes yet ; The princess had not yet opened her eyes ; These revelations have again discredited the government ; No, better still, send her a mail right now ; Obviously, she has not still understood ; Everyone expected the team to triumph again.

7.

Now, what's been going on? ; Mr Dawson has yet once again denied the allegations ; Their oil resources should last another 50 to 60 years ; Some more tea, Mrs Jenkins? ; The identification of the other body proved even more difficult.

8.

Most analysts agree that the economy is showing signs of recovery ; Most of these soldiers looked exhausted ; Most Argentines supported the government during the war with Britain ; Most Arab countries will refuse to follow the USA ; Most of the Mexicans working here are undocumented.

9.

This saw is used for cutting / to cut metal ; She had come to Paris to learn French ; She sent me a card to cheer me up ; I remember once I got caned for smoking in the toilets ; Are these pink leaves for eating or just for decoration?

10.

He took a parka so that he shouldn't/wouldn't get cold ; The gate should be closed so that nobody can get in ; They gave their rations to the children so that they would not starve ; Speak up, will you, so that we can hear you ; She has to work overtime so that she can buy nice clothes to her four children.

11.

I was about to knock at the door when I heard a scream ; I found my wallet, only to discover that my money had been stolen ; She phoned the police, only to be told 'to mind her own bloody business.' ; It must be serious for him to go without even saying goodbye ; For the animals to do well, they must be given vitamins every day.

12.

I will always be grateful to them ; She always visits her parents on Sundays ; Two people were still trapped inside ; I've always found it sad, somehow ; He was convinced that the two hostages were still alive ; I came back at 2 am and he was still there!

13.

You talk too much! ; I've eaten too much chocolate ; I think it was too much for her ; There are too many people ; Look, you've got far too much luggage!

Bibliographie

a. Dictionnaires

Dictionary of English Language and Culture, Longman, 1998.
International Dictionary of English, Cambridge, 1995.
Language Activator, Longman, 1993.
Longman Dictionary of English Idioms, Longman, 1979.
Longman Dictionary of Phrasal Verbs, Longman, 1983.
Dictionnaire français-anglais / anglais-français Hachette/Oxford, Hachette, 1994.
Dictionnaire français-anglais / anglais-français, Le Robert, 1978.

b. Ouvrages de vocabulaire

Du mot à la phrase, M. Dumong, J. Pouvelle et C. Knott, Ellipses, 1997.
Words, médiascopie du vocabulaire anglais, F. Gusdorf, Ellipses,1991.

c. Ouvrages sur les techniques de traduction

Approche linguistique des problèmes de traduction, H. Chuquet et M. Paillard, Ophrys, 1989.
Initiation au thème anglais, F. Grellet, Hachette, 1992.
ABC de la version anglaise, F.Vreck, Longman France, 1992.

d. Grammaires anglaises

La Grammaire anglaise de l'étudiant, S. Berland-Delépine, Ophrys, 1974.
La Grammaire anglaise, M. Malavieille, W. Rotgé, collection Bescherelle, Hatier, 1997.
Grammaire anglaise, F. Gusdorf et S. Lewis, Éditions de l'École polytechnique, 2002.

e. Grammaires françaises

Le Bon Usage, M. Grévisse, Duculot, 1980.
Grammaire du français contemporain, J.-C. Chevalier, C. Blanche-Benvéniste, M. Arrivé et J. Peytard, Larousse, 1964.

f. Divers

Dictionnaire des synonymes, analogies et antonymes, R. Boussinot, Bordas, 1981.
English Usage, Collins Cobuild, 1992.
Dictionary of Common Errors, Longman, 1987.
Oxford Collocations Dictionary, OUP, 2002.

Index

Table des matières

Première partie
Dos and Don'ts

Le subjonctif exprime une opinion, une demande : 61 ▌ Le subjonctif signale une éventualité : 61

Le prétérit évoque une habitude : 62 ▌ Le prétérit marque une hypothèse ou un souhait : 62 ▌ Le prétérit est utilisé dans le discours indirect : 63 ▌ Le prétérit est employé avec un verbe d'état : 63

Le prétérit apparaît au discours indirect dans une circonstancielle de temps : 63 ▌ Le prétérit a une valeur hypothétique dans un contexte passé : 63

Le prétérit a une valeur hypothétique après des verbes tels que *Suppose/Imagine* : 63 ▌ Le prétérit sert à exprimer le souhait ou la préférence : 63 ▌ Le prétérit se trouve après une conjonction suivie en français du subjonctif : *Before, Until…* : 64

Le present perfect signale un bilan par rapport au passé : 64 ▌ Le present perfect est utilisé à la forme négative avec *For* ou *Since* : 64 ▌ Le present perfect désigne une période de temps non terminée : *Today / This month* etc. : 64

Le present perfect souligne une action commencée dans le passé et se poursuivant dans le présent : 64 ▌ Le present perfect marque un bilan dans l'expression *It's the first/second* etc *time* : 64

Le past perfect marque l'antériorité d'un moment du passé par rapport à un autre : 64 ▌ Le past perfect à la forme négative marque une période de temps jusqu'à un certain point du passé : 65

Should correspond à *Would* à la première personne du singulier et du pluriel (usage désuet — sauf indication contraire) : 70 ❙ *Should* marque l'obligation (dans une question) : 70 ❙ *Should* indique une éventualité : 70

Should signale une éventualité par rapport au présent (usage désuet) : 71 ❙ *Should* marque une éventualité dans le passé : 71 ❙ *Should* est employé avec un verbe exprimant un ordre, une proposition (usage désuet) : 71 ❙ *Should* est utilisé avec des adjectifs indiquant une opinion dans la tournure : *It is* + adjectif : 71 ❙ *Should* apparaît dans l'expression *For fear that* : 71 ❙ *Should* est employé avec la tournure So that exprimant le but : 71

Will marque une décision prise sur l'instant : 72 ❙ *Will* souligne une caractéristique / une habitude : 72

Would marque une volonté dans le passé : 73 ❙ *Would* exprime une demande polie : 73 ❙ *Would* est utilisé avec *I wish* : 73 ❙ *Would* est employé avec *Rather* : 73 ❙ *Would* exprime le souhait (anglais soutenu) : 73

L'agent de l'action est inconnu : 74 ❙ L'agent est connu, mais son identité importe peu : 75 ❙ L'agent est connu, et son identité est évidente : 75

Deuxième partie
Have a try!

Aubin IMPRIMEUR Ligugé, D.L. : mars 2012 / Impr. : 1608.0251